# ÉTUDE

SUR LES

# COMTES ET VICOMTES
# DE LIMOGES

ANTÉRIEURS A L'AN 1000

PAR

ROBERT DE LASTEYRIE

ÉLÈVE DE L'ÉCOLE DES HAUTES ÉTUDES, ANCIEN ÉLÈVE
DE L'ÉCOLE DES CHARTES

PARIS
LIBRAIRIE A. FRANCK
F. VIEWEG, PROPRIÉTAIRE
RUE RICHELIEU, 67
1874

# INTRODUCTION.

---

Le Limousin est une des provinces de la France dont la critique s'est le moins occupée jusqu'ici. Pourtant les matériaux ne lui auraient pas manqué, car, indépendamment des riches archives de Limoges, les cartulaires de la Cathédrale, ceux des abbayes de Beaulieu, de Tulle, d'Uzerche, etc., nous ont conservé de nombreux et importants documents.

Il résulte du peu d'attention prêté par les savants à cette province, qu'une grande confusion règne encore dans son histoire, et qu'en particulier les listes chronologiques, que l'on a dressées de ses seigneurs laïques ou ecclésiastiques, présentent des inexactitudes sans nombre. Si l'on prend, par exemple, l'*Art de vérifier les dates* et qu'on y lise l'article consacré aux Vicomtes de Limoges, on y voit qu'ils ont été créés en 887, tandis qu'il y en avait déjà en 884; que le premier a été Foucher, tandis qu'on en retrouve deux autres qui ont dû le précéder. En un mot, on reconnaît que l'ordre et la chronologie de ces Vicomtes, au moins jusqu'au XI^e^ siècle, sont encore à établir.

Pour ce qui est des Comtes, qui ont gouverné le pays antérieurement à l'établissement des Vicomtes, la confusion est bien plus grande encore. La plupart des écrivains limousins en comptent douze ou quinze. Les auteurs de l'*Art de vérifier les dates* n'en nomment que quatre; mais comme ils ne citent pas leurs preuves, on ne peut savoir s'ils ont omis les autres par une juste défiance, ou faute d'avoir connu les sources où ils sont mentionnés. Il en résulte qu'aujourd'hui encore on insère dans tous les livres qui traitent de l'histoire du Limousin, de prétendus Comtes qui n'ont aucun droit sérieux à ce titre. Il est donc utile, croyons-nous, de faire une étude critique sur ces personnages, d'éliminer ceux qui sont apocryphes, de fixer les dates de ceux que l'on doit admettre.

Nous nous sommes proposé de réunir et de discuter tous les documents qui nous sont parvenus sur les Comtes et les premiers Vicomtes de Limoges. Nous avons commencé par résumer tout ce que l'on sait des Comtes; nous les avons suivis jusqu'au milieu du xe siècle, moment où leur chronologie ne présente plus de difficultés. Nous avons dû en rejeter plusieurs qui nous paraissaient apocryphes, ce qui, joint à l'absence de documents pour certaines périodes, a produit dans notre liste bon nombre de lacunes. Mais, quelque incomplète qu'elle soit, nous espérons qu'elle offrira encore quelque intérêt; nous espérons surtout que ce travail aura pour résultat d'en susciter d'autres, qui corrigeront nos erreurs et feront disparaître quelques-unes des lacunes que nous n'avons pas su combler.

Nous avons ensuite étudié les Vicomtes de Limoges, cherché à établir la date de leur institution, l'auteur et les motifs de cette création, enfin leur ordre de succession pendant l'obscure période qui s'étend jusqu'au xie siècle. Accessoirement, nous avons discuté quelques problèmes chronologiques ou généalogiques qui intéressent les autres familles vicomtales du Limousin.

La plupart des auteurs qui, de près ou de loin, ont abordé le même sujet, sont tombés dans de graves erreurs par suite de l'emploi qu'ils ont fait de chroniques mal informées. Nous avons voulu nous tenir en garde contre cet écueil, et nous nous sommes appuyé, autant que possible, sur des chartes. A la fin de ce travail sont réunies les principales pièces qui justifient nos conclusions. Peut-être en trouvera-t-on les textes bien défectueux; mais, outre que ces documents appartiennent à des époques barbares, nous rappellerons que les originaux sont généralement perdus, et que les copies qui nous en restent ne sont pas toutes irréprochables. Nous avons donné le moyen de les contrôler, en en citant les variantes; mais nous avons mieux aimé laisser des fautes, dont nous ne sommes pas responsable, que d'introduire des corrections qui ne reproduiraient peut-être pas l'original.

Nous ne pouvons du reste nous dissimuler les imperfections de cette étude. Nous avions trop de difficultés à surmonter pour ne pas commettre bien des erreurs et des inexactitudes. Aussi appelons-nous la critique de grand cœur, heureux si nous pouvons être ainsi la cause d'un nouveau progrès dans l'étude de nos antiquités nationales.

---

## PREMIÈRE PARTIE.

# LES COMTES

## CHAPITRE I.

I. Les Comtes de Limoges sous les Mérovingiens. — Jocundus. — Domnolenus. — II. Comtes mentionnés par Grégoire de Tours : NONNICHIUS et TERENTIOLUS.— Desiderius.— Gararicus.— Asdrovaldus.—III. Comtes des VII^e^ et VIII^e^ siècles : — BARONTUS. — LANTARIUS. — Aldegarius. — IV. ROGER. Examen de la charte de fondation de l'abbaye de Charroux.

### I.

Si l'histoire du Limousin en général a été peu étudiée jusqu'ici, celle des Comtes de Limoges a été particulièrement négligée. Le seul auteur qui leur ait consacré une étude spéciale est Bonaventure de Saint-Amable, dans sa volumineuse *Histoire de saint Martial*, et la liste qu'il en donne, quoique dressée sans critique sérieuse, a été copiée depuis par la plupart des auteurs limousins.

Le personnage que Saint-Amable considère comme le premier

Comte de Limoges est Jocundus, père de saint Yrieix [1], et cette opinion, malgré son peu de fondement, a été généralement admise. Bien plus, certains auteurs ont donné sur la vie de Jocundus des détails circonstanciés ; ainsi il aurait été comte au moment où les Goths firent la conquête du Limousin ; chassé par eux, il aurait été rétabli par Clovis après la bataille de Vouillé, serait mort en 541, et aurait été enterré dans l'église de Saint-Michel-de-Pistorie, qu'il avait fondée [2]. Malheureusement tous ces détails ne reposent sur aucun renseignement sérieux. Ils ont été puisés dans les *Chroniques françaises de Limoges*, inintelligente compilation rédigée au XVIe siècle et indigne de la moindre confiance [3].

L'auteur de cette compilation aura été induit à faire de Jocundus un Comte de Limoges par plusieurs textes anciens, qui lui donnent le titre de *princeps*. Mais ce titre était si banal chez les hagiographes, qu'on n'en peut tirer un argument sérieux. D'ailleurs les documents où on le lui donne sont eux-mêmes dénués de valeur. Ces documents sont la *Vie de sainte Pélagie*, femme de Jocundus, que les Bollandistes ont eu soin d'accompagner d'un cortège de notes qui montrent le peu de cas que l'on doit en faire [4], et la généalogie de saint Yrieix, déclarée fausse par le P. Le Cointe [5] et que les Bollandistes n'ont pas même osé imprimer.

En revanche, dans les documents authentiques assez nombreux que nous possédons sur saint Yrieix, rien ne donne à supposer que son père ait été comte. Grégoire de Tours, ami particulier de saint Yrieix, parle de lui fréquemment dans ses livres. Il nomme son père, sa mère, son frère ; il raconte sa vie, ses miracles ; il n'aurait certainement pas manqué de nous apprendre que Jocundus était comte, s'il l'avait été réellement. Au lieu de cela, il se borne à dire que saint Yrieix était *non mediocribus regionis suæ ortus parentibus, sed valde ingenuus* [6].

---

[1] Bonav. de Saint-Amable, *Hist. de S. Martial*, IIIe partie, p. 162.

[2] Leymarie, *Hist. du Limousin : la Bourgeoisie*, t. II, p. 132. — Maurice Ardant, *Notice sur Saint-Pierre du Queyroix*. — Marvaud, *Hist. des Vicomtes de Limoges*, ch. 1.

[3] Ces chroniques, longtemps restées manuscrites, ont été la source d'une foule d'erreurs. On doit donc savoir grand gré à MM. Ruben et Ducourtieux, qui en ont donné, sous le titre d'*Annales de Limoges*, un bon texte accompagné d'excellentes notes.

[4] *Acta SS.* ad diem 26 Aug., p. 825.

[5] *Annal. Francor.*, A° 591, n° 6.

[6] *Hist. Franc.*, lib. X, cap. 29.

Il existe deux *Vies de saint Yrieix*, écrites peu de temps après sa mort [1] : aucune des deux ne donne à son père le titre de comte. Or, assurément, s'il y avait eu droit, les auteurs de ces *Vies* l'auraient mentionné ; car l'un d'eux, probablement dans le désir de mieux glorifier le Saint, va jusqu'à lui prêter une origine royale [2]. Enfin, il nous reste un texte émané de saint Yrieix lui-même : c'est son testament, qui nous a été conservé dans sa forme originale [3]. Il y mentionne son père, mais l'appelle simplement *bonæ memoriæ genitor noster Jocundus*, sans lui donner aucun titre.

On peut conclure de tous ces faits que Jocundus n'a pas été Comte de Limoges.

Il faut probablement rejeter de même le comte Domnolenus, qui serait mort, suivant Saint-Amable [4], à la prise de Limoges par Théodebert, en 577 [5], et qu'on honore dans le diocèse de Limoges sous le nom de saint Domnolet ou Annolet [6].

Aucun document contemporain ne le mentionne, et Geoffroy de Vigeois, en racontant que son tombeau existait encore au XIIe siècle dans l'église de Saint-Grégoire à Limoges, avoue ne rien savoir sur lui *nisi quod fama testatur illum principem Lemovicorum* [7]. Le fait même d'un siége de Limoges à cette

---

[1] L'une de ces *Vies* a été attribuée à Grégoire de Tours, mais cette attribution a été contestée par Ruinart dans sa préface aux *Œuvres de Grégoire de Tours* (n° 81) et par les auteurs de l'*Histoire littéraire* (t. III, p. 499). Ces *Vies* se trouvent dans les Bollandistes, *Acta SS.*, 25 Aug., p. 178 et suiv.

[2] « Nobilissima, videlicet regia, quodque sublimius bene christiana » prodiit parentela. Pater illius Jocundus; mater est appellata Pelagia. »

[3] Ce testament, signalé par le P. Labbe (*Miscell. curios.*, t. II, p. 401), a été publié, en tout ou en partie, dans la *Gall. christ.*, t. II, instr., p. 117, dans les *Analecta* de Mabillon, p. 208, dans l'appendice aux *Œuvres de Grégoire de Tours* de Ruinart, p. 1308, et enfin dans les *Diplomata* de Pardessus, t. I, p. 136. Le P. Lecointe le regardait comme faux (*Annal. Franc.*, A° 591, n° 6); mais la concordance des manuscrits trouvés à Saint-Martin de Tours, à Saint-Yrieix et à Vigeois, prouve son authenticité. Il a cependant subi quelques interpolations, dont Mabillon a discuté les principales (*loco cit.*).

[4] *Hist. de S. Mart.*, t. III, p. 162. — Nous ne parlons pas d'un comte Martial, que quelques auteurs ont voulu intercaler entre Jocundus et Domnolenus. Saint-Amable lui-même en a fait justice. Il n'y a pas lieu davantage de s'occuper d'un Nivardus *præfectus*, dont il est parlé dans la *Vie de saint Yrieix*. Le mot *præfectus* est une faute de lecture pour *præfatus* (*Acta SS.*, 25 Aug., p. 185).

[5] M. Marvaud (*Hist. des Vicomtes de Limoges*, t. I, p. 37) le fait mourir en 574.

[6] Dans une notice sur ce Saint insérée au *Bulletin de la Société Archéol. du Limousin* (t. XII, p. 161), M. Ardant le nomme Martialis Domnolenus, le confondant probablement avec le Martialis dont parle Saint-Amable.

[7] Labbe, *Nova Bibl. mss.*, t. II, p. 286.

époque n'est pas avéré. Grégoire de Tours nous apprend seulement que le Limousin fut ravagé par Théodebert en 573, par le duc Didier et le patrice Mummole en 576 [1]. On doit donc imiter la sage réserve des Bollandistes, qui placent saint Domnolet au VIe siècle sans donner aucun détail sur sa vie [2].

## II.

Il faut aller jusqu'à la fin du VIe siècle pour trouver des Comtes de Limoges bien authentiques. Grégoire de Tours en mentionne deux : le premier est NONNICHIUS, qui mourut en 582, sans que nous sachions rien sur sa vie [3]. L'autre est TERENTIOLUS, qui fut tué, en 586, au siége de Carcassonne [4]; Grégoire le nomme *comes quondam urbis Lemovicinæ*, ce qui donne à penser qu'il fut peut-être comte avant Nonnichius; car les quatre années écoulées entre la mort de Nonnichius et le siége de Carcassonne, sont un laps de temps bien court pour que Terentiolus ait pu être nommé, remplacé et envoyé à l'armée probablement dans un rang supérieur.

On trouve encore dans Grégoire de Tours deux personnages

---

[1] *Hist. Franc.*, lib. IV, cap. 48, et lib. V, cap. 13.

[2] *Acta SS.*, 25 Jun., p. 68.

[3] « His diebus adprehensi sunt duo homines a Nonnichio Lemovicinæ » urbis Comite, deferentes ex nomine Charterii Petragoricæ urbis Epis- » copi litteras, quæ multa impropria loquebantur in Regem..... Has lit- » teras cum his hominibus jam dictus Comes sub ardua custodia Regi » direxit..... Interrogantur homines a quo eas acceperint. Frontunium » diaconum proferunt. Interrogatur Sacerdos de diacono. Respondit sibi » eum esse præcipuum inimicum, nec dubitari debere ipsius esse nequi- » tias..... Adducitur diaconus sine mora; interrogatur a Rege : confitetur » super Episcopum dicens : Ego hanc epistolam Episcopo jubente dictavi. » Proclamante vero Episcopo et dicente quod sæpius hic ingenia quæ- » reret, qualiter eum ab episcopatu dejiceret, Rex misericordia motus, » cessit utrisque, deprecans clementer Episcopum pro diacono, et sup- » plicans ut pro se Sacerdos oraret : et sic cum honore urbi remissus » est. Post duos vero menses Nonnichius Comes, qui hoc scandalum » seminaverat, sanguine percussus interiit; resque ejus, quia absque » liberis erat, diversis a Rege concessæ sunt. » (*Hist. Franc.*, lib. VI, cap. 22.)

[4] *Hist. Franc.*, lib. VIII, cap. 30. — « Terentiolus, comes quondam urbis » Lemovicinæ, lapide de muro projecto percussus occubuit : cujus caput » truncatum est ad vindictam adversariorum et urbi delatum est. »

qui ont joué un rôle considérable en Limousin, et qu'on a pour cela rangé parfois parmi les Comtes de Limoges [1] : ce sont les ducs Didier et Gararic. Le premier conquit, en 576, le Limousin pour Chilpéric. Il est possible qu'il ait eu à administrer quelque temps sa conquête, mais rien dans Grégoire de Tours ne le donne à supposer, et l'hypothèse est d'autant moins probable que le court espace de temps écoulé entre cette conquête (576) et la mort de Chilpéric (584) est déjà occupé par les deux comtes Terentiolus et Nonnichius.

On doit, selon toute apparence, rejeter de même Gararic, quoique ses titres paraissent plus sérieux. Lorsque Chilpéric mourut, une partie des provinces qu'il avait enlevées à Sigebert étaient disposées à se donner à Childebert. Aussi Frédegonde s'empressa-t-elle de mettre son jeune fils Clotaire sous la protection de Gontran. Celui-ci se hâta d'envoyer des comtes dans toutes les provinces hésitantes, pour s'assurer leur fidélité. Childebert en fit autant de son côté. Il envoya à Limoges le duc Gararic, qui reçut le serment des habitants et alla s'établir à Poitiers, d'où il chercha à gagner les Tourangeaux [2]. Mais le comte Sichaire, envoyé à Tours par Gontran, sut les maintenir dans le devoir. Il s'apprêtait même à marcher contre Poitiers, quand les habitants effrayés chassèrent Gararic. Le Limousin cependant resta sous l'autorité de Childebert, et, peu après, Gontran, ayant eu besoin de l'aide de son neveu pour combattre l'aventurier Gondebaud, lui rendit toutes les provinces que son père avait possédées [3].

Voilà les faits tels que Grégoire de Tours les rapporte. Ils n'autorisent pas à mettre Gararic au nombre des Comtes de Limoges, pas plus qu'à faire de lui un Comte de Poitiers; et même cette seconde hypothèse serait plus plausible, puisque c'est à Poitiers qu'il résidait. Rien ne prouve qu'il n'y eût pas un comte à Limoges sous ses ordres, et l'on peut tout au plus supposer que Childebert lui avait confié la surveillance du Limousin et du Poitou, mission en rapport avec l'importance de son titre de duc.

Ici se place un comte Astroval « qui gouvernait le païs l'an 592 et 596 et alla contre les Gascons, qui ravageaient la Novempopulanie [4]. » Grégoire de Tours parle à plusieurs reprises de ce

---

[1] M. Ardant, *Indicat. Limous.*, p. 11 et 177.
[2] *Hist. Franc.*, lib. VII, cap. 13.
[3] Ibid., cap. 22.
[4] Bonav. de Saint-Amable, *Hist. de S. Martial*, t. III, p. 162.

personnage. Il accompagna le duc Didier, en 587, dans sa malheureuse expédition contre Carcassonne. Nommé duc par Gontran, après la mort de Didier, il se signala dans les guerres contre les Gascons et les Wisigoths, de 587 à 589[1]. Il semble avoir été duc de Toulouse, comme l'a dit dom Vaissette[2]; mais rien dans Grégoire de Tours ne permet de supposer qu'il ait pu être Comte de Limoges. Peut-être Saint-Amable lui a-t-il donné ce titre d'après quelque document aujourd'hui perdu. En ce cas, cette source ne nous étant pas connue, nous n'en pouvons discuter la valeur; nous dirons seulement qu'elle est douteuse, en présence du texte de Grégoire de Tours, qui ne semble pas permettre l'attribution de ce comte à Limoges.

## III.

A partir de la fin du VI<sup></sup>e siècle, les chroniques ne parlent plus du Limousin qu'à de rares intervalles. Seules les Vies de saints, rapprochées de quelques actes bien rares, viennent jeter un peu de jour sur cette obscure période.

C'est l'étude de ces documents qui nous a permis d'attribuer au Limousin, avec quelque probabilité, un comte BARONTUS, qui paraît avoir joué un certain rôle politique dans les premières années du VIIe siècle.

Un diplôme de l'an 632[3] nous le montre faisant un partage de biens en Limousin entre « l'illustre matrone Theudilane, » Maurinus et Audegisèle. Les biens qui font l'objet du partage sont situés non loin de l'abbaye de Royère, dans la Marche, qui n'était pas encore séparée du Limousin. Ce diplôme ne donne pas à Barontus le titre de Comte de Limoges; mais on peut lui attribuer cette qualité avec vraisemblance, en rapprochant le fait de ce partage des récits que nous trouvons rapportés dans trois Vies de saints.

---

[1] *Hist. Franc.*, lib. VIII, cap. 45, et IX, cap. 7 et 31.
[2] *Hist. du Lang.*, t. I, p. 309.
[3] Pardessus, *Diplom.*, t. II, p. 9, et Mabillon, *De re diplom.*, p. 464.

Il est constant, d'après la *Vie de saint Ménélée*[1], qu'il existait alors en Limousin un homme *nobilitatis magnæ et spatiosæ potestatis*, nommé Barontus. La *Vie de saint Viance*[2] est plus explicite ; elle le fait fils de Bernard, duc d'Aquitaine : erreur manifeste, car il n'y avait pas à cette époque de duc Bernard en Aquitaine, mais qui prouve la haute position de Barontus en Limousin. Enfin la *Vie de saint Theoffroy*[3] confirme l'existence de Barontus et lui attribue également une haute position dans le pays.

C'est probablement le même personnage, qui, d'après Frédégaire, fut chargé par Dagobert, en 630 ou 631, de rapporter les trésors pris à Charibert dans la conquête de la Gascogne. Le chroniqueur assure que Barontus, d'accord avec les trésoriers du roi, s'empara d'une partie de ces richesses[4]. Mais cet acte ne paraît pas lui avoir nui, car, cinq ans après, on le retrouve parmi les principaux chefs de l'armée que Dagobert envoya contre les Gascons, sous les ordres du référendaire Chadoïn[5].

En présence de ces faits, on peut croire avec vraisemblance, sinon avec certitude, que Barontus était Comte du Limousin.

C'est encore dans une Vie de saint[6] que l'on trouve, au milieu du VIIIe siècle, le comte LANTARIUS, fondateur de l'abbaye de Guéret. On met généralement cette fondation vers 732 ou 735, mais elle dut avoir lieu plus tôt. Les Bollandistes établissent en effet que saint Pardoux mourut en 737, âgé d'environ quatre-vingts ans. Or, lorsque Lantarius le choisit pour diriger le nouveau monastère, il était encore jeune[7]. Il faut donc placer Lantarius à la fin du VIIe siècle et dans les premières années du VIIIe. La *Vie de saint Théau*[8] nous apprend que sa femme

---

[1] *Acta SS.*, 22 Jul., p. 308.

[2] Cette Vie est encore inédite; elle a été traduite en français et imprimée par l'abbé Jauffre (Brive, 1669, in-18, réimprimée en 1859, à Saint-Flour). Elle est analysée dans l'*Hist. du bas Limousin*, de M. Marvaud (t. I, p. 62). Mabillon en a cité des extraits dans ses notes sur la vie de saint Ménélée (*Acta SS. Ord. S. Ben.*, sæc. III, part. I, p. 406, 416).

[3] Mabillon, *Acta SS. Ord. S. Ben.*, sæc. III, part. I, p. 480.

[4] Fredeg., cap. 67. — Ap. Bouq., t. II, p. 439.

[5] Ibid., cap. 78. — Ap. Bouq., t. II, p. 442.

[6] *Vita S. Pardulfi.* — Labbe, *Nova Bibl. mss.*, t. II, p. 599. — Mabillon, *Acta SS. Ord. S. Ben.*, sæc. III, part. I, p. 573. — *Acta SS.*, 6 Oct.

[7] Voici, en effet, ce que l'hagiographe dit de lui : « Repente intuens » vultum ejus clarissimum, faciem decoram, elegantem aspectum, cri- » nem pulcherrimum..... » Ce qui ne se concevrait guère d'un vieillard.

[8] *Acta SS.*, 7 Jan., p. 380.

se nommait Alamanna [1]. On n'a pas d'autres renseignements authentiques sur lui, ni sur sa famille [2].

De Lantarius à la fin du VIIIe siècle on n'a encore retrouvé aucun Comte de Limoges. En 794, un diplôme de Charlemagne pour le monastère de Saint-Yrieix nomme un *Aldegarius princeps Lemovicorum*, dont M. Leymarie a voulu faire le même qu'Aldegaire, neveu d'Hunald, que celui-ci avait donné en otage à Pépin [3]. Malheureusement ce diplôme, que les auteurs de la *Gallia christiana* ont eu le tort d'imprimer sans commentaires [4], est de la plus insigne fausseté [5]. Il a dû être fabriqué vers le commencement du XIIe siècle, car on y trouve, comme dans les actes royaux de cette époque, les souscriptions des grands officiers de la couronne [6]. Il faut donc rejeter complétement et ce diplôme et le comte Aldegaire.

## IV.

On doit d'autant moins hésiter à supprimer ce Comte, qu'un autre, du nom de Roger, figure à la même époque dans des documents inattaquables. L'Astronome nous apprend qu'il fut mis à Limoges par Charlemagne en 778, et qu'il était de race

---

[1] Mabillon l'appelle Colmania (*Acta SS. Ord. S. Ben.*, sæc. II, p. 1000).

[2] M. Marvaud le fait assister, on ne sait d'après quel document, à la bataille de Tours, et soutenir un siége à Guéret contre les Sarrasins (*Hist. des Vic. de Limoges*, t. I, p. 46).

[3] *Hist. du Limousin : la Bourgeoisie*, t. II, p. 158.

[4] *Gall. christ. nova*, t. II, instr., col. 178.

[5] Le P. Labbe en a le premier signalé la fausseté (*Alliance chronol.*, t. II, p. 453), que le savant continuateur des bénédictins, M. Hauréau, n'a pas hésité à reconnaître (*Gall. christ.*, t. XIV, col. 171).

[6] Parmi les souscriptions, on remarque celles d'un *Olgerius palatinus*, d'un *Asto præpositus Parisii*, d'un *Turpin*, probablement le célèbre archevêque des chansons de gestes. Une foule d'autres détails dans le contexte de l'acte prouvent la falsification : par exemple le titre de *princeps Lemovicensis* donné à Jocundus, et même à saint Yrieix. Enfin tous les éléments de la date sont en désaccord. Le diplôme est daté de 694 (erreur manifeste pour 794), indiction VIII, 7e jour de la lune, le jour des kalendes de mai, l'an III de l'empire de Charlemagne. Or, en 794, l'indiction est II, l'épacte 15, ce qui met le 7e jour de la lune de mai au 21 avril; enfin Charlemagne ne devint empereur que six ans après.

franque [1]. Il se signala par une importante fondation, celle du monastère de Charroux en Poitou, qui paraît avoir eu un grand retentissement [2]. L'acte de fondation de cette abbaye nous a été conservé, ainsi que sa confirmation par Charlemagne. Ce dernier diplôme paraît très-authentique, malgré l'absence de souscriptions et de date. Quant à l'acte de fondation, il nous semble prêter à certaines observations.

Le texte qu'en a donné Mabillon ne peut être celui de l'original, comme on pourrait le conclure d'après la publication de l'illustre bénédictin. Il nous paraît être une compilation, faite probablement lors de la confection du Cartulaire sur des pièces authentiques, qui seraient : 1° un acte de fondation de Roger et de sa femme Euphrasie ; 2° une donation de Roger ; 3° une donation de sa femme Euphrasie ; 4° un autre acte commun aux deux époux, suivi du récit des donations faites par Charlemagne à l'abbaye ; 5° enfin un autre fragment d'acte qui pourrait n'être que la suite du précédent. L'auteur du Cartulaire a soudé ces diverses pièces au moyen de courtes phrases que Mabillon a imprimées en italiques, les regardant peut-être comme des interpolations. Il aurait pu, croyons-nous, suspecter de même les formules initiales et terminales dont nous allons parler.

L'acte commence par une invocation, ce qui se trouve, il est vrai, dans d'autres actes privés du VIIIe siècle ; mais elle est d'une forme insolite [3]. Vient ensuite la date, qui devrait plutôt se trouver à la fin, et dont, chose plus grave, les éléments concordent mal. Elle est ainsi conçue : *Sub die* XIIII *kal. junii, regni domini Caroli gloriosi regis sub anno quinto, regnante filio suo domino nostro Lodoico rege Aquitanorum.* La cinquième année du règne de Charlemagne correspond, suivant les différentes époques où l'on commence à le compter, aux années 773, 776, 779 ou 805 [4]. La dernière date

---

[1] *Vita Lud. Pii.* — Ap. Bouq., t. VI, p. 88. — M. Marvaud fait précéder Roger d'un comte Rothgar, qui aurait été nommé par Pépin (*Vic. de Limoges*, t. I, p. 52); mais il a été trompé par la forme Rothgarius, que l'Astronome donne au nom de Roger, et par la *Vie de saint Austremoine*, qui dit que Pépin fit épouser à Roger en 764 Euphrasie, fille d'Hector, comte d'Auvergne. Cet Hector est inconnu, et la *Vie de saint Austremoine* est peu digne de confiance.

[2] *Vita S. Genulfi.* — Ap. Bouq., t. V, p. 470. = *Carm. Theodulphi ep.* — Ibid., p. 421. = *Vita S. Austrem.* — Ibid., p. 432.

[3] *In nomine Sancti Salvatoris.*

[4] On compte les années de Charlemagne à partir de son avénement, 768; de la mort de Carloman, 771; de son couronnement comme roi des Lombards, 774; de la proclamation de l'empire, 800.

doit être rejetée de suite, puisque Charles est qualifié de roi et non d'empereur. Les deux premières ne peuvent convenir puisque Louis n'était pas encore né. Reste celle de 779. Elle est antérieure de deux ans au sacre de Louis comme roi d'Aquitaine ; mais comme il en reçut le titre dès sa naissance, en 778, on conçoit à la rigueur qu'on le mentionne dans un acte rédigé en Aquitaine. Seulement, si l'on admet cette date de 779, il est bien étrange que dans un acte privé on compte les années de Charlemagne de son règne en Italie, et non de son règne en France.

La date est donc à tout le moins étonnante : les souscriptions le sont bien plus encore.

On y lit les noms de trois évêques, un abbé et trois comtes. Or ces personnages sont tous également inconnus. On n'a aucune autre mention de Benjamin, évêque de Saintes, pas plus que de Bertrand, évêque de Poitiers, qui figure dans le texte de l'acte. Quant à Ericius, évêque de Toulouse, il assista douze ans plus tard au concile de Narbonne (791), et Aldebertus, évêque de Clermont, siégeait quinze ans plus tôt (764). La réunion de ces personnages est donc singulière. Quant à l'abbé Abraham et aux trois comtes, on ne les a encore trouvés dans aucun autre document. Mais si cette réunion de noms inconnus est surprenante, l'absence de noms connus est bien plus étonnante encore. Comment se fait-il que l'évêque de Poitiers, qui figure dans le texte de l'acte, ne l'ait pas souscrit ? Comment Roger a-t-il été chercher les souscriptions d'évêques aussi éloignés que ceux de Saintes, Clermont et Toulouse, au lieu de celles de son propre évêque, celui de Limoges, et de son métropolitain l'archevêque de Bourges ? Comment aucun des abbés des nombreux monastères du Poitou et du Limousin n'a-t-il souscrit à côté de cet abbé inconnu ? Comment aucun des comtes voisins n'a-t-il servi de témoin ? Comment enfin le scribe qui a rédigé l'acte a-t-il, contrairement à l'usage général au VIIIe siècle, négligé de le signer ? Ce n'est pas le copiste du Cartulaire qui a omis sa signature, car il reproduit avec exactitude les souscriptions d'une série de moines et de personnages inconnus. Voilà donc bien des sujets de doute sur l'authenticité de ces signatures ; et si on les rapproche des irrégularités contenues dans la date, on doit conclure qu'elles ont été fabriquées en même temps que les interpolations contenues dans le texte du diplôme.

Donc le testament de Roger est une pièce fabriquée. Est-ce à dire qu'elle n'a aucune valeur ? Nous ne le croyons pas, car les actes qui ont servi à le composer paraissent avoir été authentiques. Il nous semble donc que l'on doit en rejeter la date, les souscriptions, peut-être les parties narratives qui énumèrent les générosités de Charlemagne, mais qu'on peut admettre, et c'est le point important pour notre étude, les donations de Roger et d'Euphrasie. On est toutefois en droit d'admirer leur grande générosité et l'étendue de ces donations.

Du reste, à en croire la Chronique de Maillezais, ils ne s'en seraient pas tenus là, et on devrait leur attribuer la fondation de six autres monastères, qu'elle ne nomme pas [1]. Dom Estiennot a cru que dans le nombre étaient les prieurés de Rochechouart [2], de la Celle-Druin [3], et de Saint-Pierre-de-Collonges [4]. Mais aucun document bien digne de foi ne justifie ces assertions.

On ne sait pas exactement la date de la mort de Roger. M. Marvaud le fait périr à Fontanet en 841, mais il le confond avec Rathier [5], qui ne fut nommé Comte qu'en 839, et sur lequel nous aurons l'occasion de revenir.

Les *Chroniques françaises de Limoges,* suivies en cela par plusieurs auteurs, ont donné pour successeurs à Roger une série de personnages imaginaires [6] dont il n'y a pas lieu de s'occuper, Saint-Amable en ayant depuis longtemps fait justice. Toutefois il admet l'existence, sous Louis le Débonnaire, d'un comte Foulques [7], que rien n'autorise à regarder comme Comte de Limoges. Ce Foulques est probablement le même que Foucaud (Fulcoaldus), père de Raymond qui fut Comte de Limoges de 841 à 864, ainsi qu'on le verra plus loin. Mais parce que son fils a été Comte, on n'est pas en droit de lui donner le même titre en l'absence de tout document.

M. Deloche cite un comte Gregorius en 817 [8], sur lequel nous

---

[1] Labbe, *Nova Bibl. mss.*, t. II, p. 194.

[2] Bibl. nat., ms. lat. 12747, f° 211.

[3] Ibid., f° 215.

[4] Ibid., f° 223. — M. Marvaud y joint le monastère de Saint-Angel (*Hist. du bas Limousin*, t. I, p. 80), probablement parce que ce nom figure dans le testament de Roger.

[5] *Hist. des Vic. de Limoges*, t. I, p. 56. — Théodulfe appelle Roger *Rotharius* (*Carm.*, ap. Bouq., t. V, p. 421). M. Marvaud, voyant un *Ratherius* tué à Fontanet, a cru que c'était le même individu.

[6] Ces personnages sont : Engelier, Drogon, Girard de Roussillon et Foulques. — Voir *Hist. de saint Martial*, III<sup>e</sup> part., p. 286.

[7] La plupart des auteurs ont admis ce Comte, mais sans être d'accord sur l'époque où il aurait vécu. M. Leymarie prétend qu'il « fut tué en » 848 par les Normands, qui s'étaient avancés jusqu'à Limoges » (*Hist. de Limoges : la Bourgeoisie*, t. II, p. 163).

[8] *Étude sur la géogr. hist. de la Gaule*, p. 242.

n'avons pu découvrir aucun renseignement, et que personne n'avait encore mentionné. Nous ne pouvons donc que le nommer sans commentaires.

Ici finit la période la plus obscure de l'histoire du Limousin. Dorénavant les documents seront moins rares, et, si la liste des Comtes de Limoges est encore l'objet de bien des difficultés, on peut du moins l'établir sans interruption.

---

## CHAPITRE II.

I. Le comte Rathier.— Un seul texte le dit Comte de Limoges. — Valeur de ce texte. — II. Le comte Raymond. — III. Le comte Gérard. — Documents qu'on lui attribue. — Il n'était pas Comte de Limoges, mais Comte de Bourges.

### I.

Les auteurs de l'*Art de vérifier les dates,* d'accord en cela avec tous ceux qui se sont occupés jusqu'ici de l'histoire du Limousin, ont avancé que, parmi les personnages marquants, qui reçurent la mort à la bataille de Fontanet, se trouvait un Comte de Limoges du nom de Rathier [1]. Ce Comte aurait été établi en 839 par Louis le Débonnaire, lorsque celui-ci vint en Aquitaine réprimer la révolte des partisans de Pépin. Malheureusement tous ces auteurs se sont appuyés, pour avancer ce fait, sur la Chronique d'Adémar de Chabannes, imprimée par le P. Labbe [2]. Or l'édition de Labbe ne reproduit pas le texte véritable de

---

[1] *Art de vérifier les dates*, in-f°, t. II, p. 390. — Baluze, *Hist. Tutel.*, p. 9. — Dom Vaissete, *Hist. du Lang.*, t. I, p. 519, 530.— Marvaud, *Hist. des Vic. de Limoges*, t. I, p. 56. M. Marvaud confond Rathier, qu'il appelle Rotharius, avec Roger le fondateur de Charroux.

[2] *Nova Bibl. mss. libr.*, t. II, p. 160 et 161.

l'auteur, mais une autre version, singulièrement allongée par un interpolateur du XII^e^ siècle [1], et les deux passages où il est question de Rathier ne se trouvent ni l'un ni l'autre dans l'original.

Cependant, avant de mettre en doute l'existence de Rathier et sa mort à Fontanet, il faut examiner le degré de confiance que mérite l'interpolateur d'Adémar de Chabannes.

Adémar écrivait vers 1028, dans l'abbaye de Saint-Cybar d'Angoulême [2]. Son interpolateur, comme l'a établi M. Waitz, a dû vivre vers 1150, dans une des abbayes de Limoges ; il peut donc avoir connu, surtout pour l'histoire particulière du Limousin, des sources que ne possédait pas le moine de Saint-Cybar. On ne peut certes lui attribuer la même autorité qu'à Adémar, puisqu'il écrit plus d'un siècle après lui, et qu'il n'est contemporain d'aucun des événements qu'il raconte ; mais on doit accepter son témoignage toutes les fois qu'il n'est en désaccord avec aucun texte.

Or, sur le point qui nous occupe, rien ne vient infirmer son dire. Bien plus, il existe une chronique qui le confirme. L'auteur de la *Vie de Louis le Pieux*, en racontant les difficultés qu'éprouva ce prince lorsqu'il voulut donner l'Aquitaine à son fils Charles, nous apprend qu'une partie des grands du pays crut devoir lui envoyer une députation pour l'éclairer sur l'état des choses. De ce nombre étaient Ébroïn, évêque de Poitiers, le comte Réginard, le comte Gérard, gendre de Pépin, et le *comte Rathier*, aussi gendre de Pépin.

Tous les auteurs ont vu dans le Rathier, dont parle ici l'Astronome, le Comte de Limoges du prétendu texte d'Adémar [3]. Cette

---

[1] Voir la Préface de M. Waitz, en tête de l'édition de Pertz, *Monum. Germ. Hist. Script.*, t. IV, p. 106. Le texte véritable d'Adémar de Chabannes se trouve à la Bibl. nat. dans le ms. lat. 5927. M. Waitz croit ce manuscrit du milieu du XI^e^ siècle. C'est le plus ancien que l'on connaisse.

[2] Voir la Notice biographique sur Adémar de Chabannes, publiée par l'abbé Arbellot dans le *Bulletin de la Société Archéol. du Limousin* de 1873, p. 104. — Voir surtout l'Introduction de M. Waitz dans Pertz, *SS.*, t. IV, p. 106.

[3] Une faute de copiste, qui a rendu inintelligible une partie de la phrase de l'interpolateur, vient démontrer que le Rathier dont il parle est bien celui de l'Astronome. Voici cette phrase : « Et in supradicto » prælio occisis Ratherio et Gerardo, qui uterque erat genere Arvernis » extitit Willelmus comes, Lemovicæ vero Raimundus. » Pertz met une virgule après *Arvernis*, ce qui rend incompréhensibles les mots *extitit Willelmus comes.* Labbe a placé la virgule avant *Arvernis*, ce qui donne le vrai sens, mais il aurait dû ajouter que le copiste avait oublié le mot *Pippini*. Il faut lire : *qui uterque erat gener Pippini*, rectification qui concorde parfaitement avec le texte de l'Astronome.

opinion paraît parfaitement justifiée ; car si l'on ne faisait pas de Rathier un Comte de Limoges, il serait assez difficile de dire d'où il était comte, la plupart des villes d'Aquitaine étant alors gouvernées par des personnages qui nous sont connus [1].

On peut donc, sur ce point, admettre ce que nous apprend l'interpolateur d'Adémar de Chabannes, c'est-à-dire que Rathier a été nommé Comte de Limoges par Louis le Débonnaire en 839, et qu'il a été tué à Fontanet en 841 [2].

## II.

On doit, par des motifs semblables, accepter le même témoignage quant au successeur de Rathier, le comte Raymond [3]. Quel est ce Raymond? Aucune chronique n'en parle, et ce que les auteurs modernes ont pu en dire n'a nullement éclairci la question. D'après Saint-Amable, Justel et Nadaud, il serait fils de Foulques, comte de Limoges, et de Richilde. Mais, comme Baluze l'a fort bien dit, ces auteurs ont pris ces affirmations dans les *Chroniques françaises de Limoges*, qui ont été rédigées au XVI^e siècle et sont absolument indignes de confiance.

En somme, le fait seul de l'existence de Raymond est hors de doute. Il est en effet confirmé par le récit de la translation des reliques de saint Alpinien [4] au monastère de Ruffec-sur-Creuse, qu'avait fondé ce même Raymond. Les Bollandistes ont placé cette translation en 845, mais il est plus probable qu'elle eut lieu vers 855 [5].

---

[1] Ainsi le Comte de Bourges était Gérard; celui de Poitiers, Emenon; celui de Clermont, Gérard; celui de Rodez, Foucaud; celui d'Alby, Wulfarius (?); celui d'Angoulême, et probablement de Périgueux, Turpion. (*Art de vérifier les dates.*)

[2] Pertz, *SS.*, t. IV, p. 120. L'*Art de vérifier les dates* dit que Rathier devint Comte en 837. Cette date est peu probable. Rathier ne fut nommé qu'après la mort de Pépin (13 décembre 838). Peut-être même n'est-ce qu'en 840, après l'éclipse, dont parle le chroniqueur, et qui eut lieu le 5 mai.

[3] Ibid.

[4] Boll., *Acta SS.*, 27 Apr., p. 485.

[5] Voici les motifs qui militent en faveur de l'une et l'autre de ces dates. Dans le manuscrit qu'ils ont publié, les Bollandistes ont lu ces

Ce qui a empêché les meilleurs auteurs d'accepter cette date, c'est que tous sont d'accord pour assigner peu de durée au gouvernement de Raymond. On lui donne généralement, dès 846, un successeur du nom de Gérard. Mais nous allons voir que, selon toute probabilité, ce Gérard n'a jamais été comte de Limoges, et qu'en second lieu Raymond a dû vivre jusqu'en 864.

## III.

Occupons-nous d'abord de Gérard. L'abbé Nadaud, dont nous aurons souvent à citer les compilations manuscrites [1], a résumé dans la note suivante tout ce qu'on a pu dire de vrai ou de faux sur ce personnage :

« Gérard était gendre de Pépin d'Aquitaine, dont il épousa la fille, nommée Berthe. Loup, abbé de Ferrières, écrivant l'an 841, dit qu'un Gérald, cy devant prince et chéri du roi Pépin, présidait à Limoges avec des officiers propres à lui aider à sa charge. Il est fait mention de lui dans des actes de 855, 848, 876. Il signa un échange qu'il fit avec l'évêque Stodilus en 855. Il est dit Comte de Limoges dans un acte de la VIIIe année de Charles, roi

---

mots : « Anno scilicet ab Incarnatione *octingentesimo quinto*, Raymun- » dus, comes Lemovicensium religiosissimus, quoddam construxit cœno- » bium, quod vocatur Roffiacum, rogavitque reverendum Dodonem, » abbatem monasterii Sancti Sabini, ut habitatores monasterii sui in regu- » laribus observantiis informaret. » La date de 805 donnée par ce texte ne peut évidemment convenir. Les Bollandistes ont proposé de la remplacer par 845. Ils n'ont pas admis une date postérieure, 850 par exemple, parce qu'alors Odon n'était plus abbé de Saint-Savin, mais de Saint-Martial. Tout cela est exact; mais les Bollandistes n'ont pas remarqué qu'un peu plus tard, en 853, Abbon étant devenu abbé de Saint-Martial, Odon retourna à Saint-Savin. Or, dans un autre récit de la translation de saint Alpinien, qui se trouve dans les manuscrits de Baluze (*Arm.*, vol. 262, f° 58), il est dit justement que ces faits eurent lieu pendant qu'Abbon était abbé de Saint-Martial et Odon de Saint-Savin, c'est-à-dire postérieurement à 853. Voici ce texte : « Ædificato cœnobio, contulit illud monachis Sancti » Martialis. Mox Abbo abbas ejusdem loci, accito secum Dodone abbate » Sancti Savini....., deputavit in eodem cœnobio executores sanctæ re- » gulæ. » En prenant donc la date de 855, on doit être fort près de la vérité.

[1] Ces manuscrits sont déposés au grand séminaire de Limoges. M. Allou en a donné la liste dans l'*Annuaire de la Société de l'histoire de France* pour 1837, p. 221.

d'Aquitaine, A°. 846. Son fils, nommé Ramnulphe, fut fait, du vivant de son père, comte de Poitou. M. Baluze a donc tort de lui refuser la qualité de Comte de Limoges..... Il était fils de Géraud, comte d'Auvergne, et de sa seconde femme Mathilde, fille de Pépin I, roi d'Aquitaine ; il épousa Adeltrude, dont vinrent Géraud, comte d'Aurillac, et Ave ou Avigerne, mère de Raynal et de Benoît vicomte de Toulouse..... Charles le Chauve, ayant ôté l'Aquitaine à Pépin, fortifia les principales villes; il mit Géraud à Limoges [1]. »

A voir le grand nombre de preuves qu'a ramassées l'abbé Nadaud, il peut paraître hardi tout d'abord de contester l'exactitude de ses affirmations. Mais l'on va voir qu'il a attribué à son prétendu Comte de Limoges toutes les mentions qu'il a pu trouver du nom de Gérard, et qu'il faut les restituer, les unes à Gérard comte d'Auvergne, les autres à Gérard comte de Roussillon, d'autres enfin à Gérard comte de Bourges.

Plusieurs de ces restitutions ont été faites depuis longtemps. Ainsi il est bien établi que c'était le Comte d'Auvergne qui était gendre de Pépin et père de Ranulfe, comte de Poitiers [2]. Il est non moins certain que c'était Gérard de Roussillon, dont la femme se nommait Berthe [3]. Quant au Géraud, mari d'Adaltrude et père de saint Géraud d'Aurillac, rien n'autorise à dire qu'il fût comte de Limoges. Nadaud a pris ses renseignements dans la *Vie* de ce Saint attribuée à Odon de Cluny et publiée par dom Marrier [4]. Cette *Vie* est apocryphe, comme l'a fort bien montré M. Hauréau [5]; elle ne pourrait donc pas servir de preuve. Mais elle ne dit même pas que le père de Géraud fût comte de Limoges, et cela est si vrai que Mabillon, qui s'est servi de cette *Vie* pour son éloge de saint Géraud, fait de son père un comte d'Aurillac [6].

---

[1] *Mém. mss. sur le Limousin*, t. II, p. 60.

[2] *Art de vérifier les dates*, in-f°, t. II, p. 349. = Mabille, *Notes sur l'histoire du Languedoc*, t. II, p. 281.

[3] D. Bouq., *Hist. de la France*, t. VII, passim.

[4] *Biblioth. Cluniac.*, p. 65.

[5] Dans ses *Singularités historiques* et son *Histoire littéraire du Maine*. — La vie authentique de saint Géraud nous a été conservée dans deux manuscrits contemporains de l'auteur (Bibl. nat., mss. lat. 3783 et 5301). Voici tout ce qu'elle dit des parents de Géraud : « Geraldus Aquitanie provincia oriundus fuit, territorio videlicet quod est Arvernensi atque » Caturcensi, necnon et Albiensi conterminum. Patre Geraldo, matre » vero Adaltrude progenitus. Parentes ejus tam nobilitate fuerunt illustres quam rebus locupletes..... Sanctus namque Cesarius Arelatensis et » beatus Aredius abbas de eadem parentela fuisse perhibentur. »

[6] *Acta SS. Ord. S. Ben.*, t. VII, p. 6.

Voilà des points établis depuis longtemps, sur lesquels il est inutile d'insister. Voyons si les autres seront plus difficiles à éclaircir. La lettre de Loup de Ferrières, dont parle Nadaud, nous apprend qu'en 839 [1] l'Aquitaine fut divisée en trois régions militaires, dont les chefs-lieux furent Clermont, Limoges et Angoulême. A Clermont furent préposés Modoin, évêque d'Autun, et Aubert, comte d'Avallon ; à Angoulême, Raynaud, et à Limoges, Gérard [2]. Mais c'est là une division purement militaire, qui n'a aucun rapport avec les comtés. Jamais on n'a songé à voir dans Aubert d'Avallon un comte de Clermont, ni dans Raynaud (probablement comte d'Herbauges) un comte d'Angoulême. Qu'est-ce donc qui autorise à voir dans Gérard un comte de Limoges ? Rien assurément. Aussi Baluze, dans ses notes sur Loup de Ferrières [3], a-t-il reconnu dans ce passage Gérard comte d'Auvergne, attribution admise par les auteurs de l'*Art de vérifier les dates* [4] et par ceux de la nouvelle édition de dom Vaissete [5]. Cette opinion est d'autant plus vraisemblable que Loup de Ferrières appelle Gérard *carus Pippini regis*, et que Gérard d'Auvergne était gendre de Pépin. En tout cas, ce qui empêche absolument de voir dans ce personnage un comte de Limoges, c'est qu'il y avait en 839 à Limoges le comte Rathier, qui fut tué en 841 à la bataille de Fontanet [6].

Aussi est-il probable que l'abbé Nadaud n'aurait pas eu recours à ce texte s'il n'avait cru trouver plusieurs autres documents pour l'appuyer. Il attribue à Gérard quatre chartes, qu'il rapporte aux années 846, 848, 855 et 876. Nous allons voir que ces quatre actes se réduisent à un seul, celui de 855. En effet, ceux de 848 et de 876 parlent du comté de Limoges, mais ne disent rien du comte qui le gouvernait. Ce sont deux chartes du Cartulaire de Beaulieu, dont Nadaud a trouvé l'in-

---

[1] Loup de Ferrières ne donne pas la date de ces faits; mais Baluze son éditeur, et tout le monde après lui, les place en 839.

[2] « Aquitaniæ tutela tripartito divisa est, secundum oportunitatem loco-
» rum, militarium virorum multitudine distributa, quorum uni parti, quæ
» apud Clarummontem agit, præest Modoinus Augustodunensium epis-
» copus, et Autbertus Avallensium comes..... Alteri, quæ Lemovicis ver-
» satur, præsidet Gerardus princeps quondam et charus Pippini regis,
» cum sociis ad idem negotium idoneis. Tertiæ vero prælatus est Rei-
» noldus comes, Engolismæ constitutus..... » (Lup. Ferrar., *Ep.* 28.—Dom Bouq., *Hist. de la France*, t. VII, p. 480.)

[3] Édit. de 1664, p. 367.

[4] Édit. in-f°, t. II, p. 349.

[5] Notes de M. Mabille, t. II, p. 281.

[6] Voir ci-dessus, p. 18.

dication dans Justel [1], et qu'il aura citées sans se donner la peine de recourir aux originaux [2].

Quant à l'acte de 846, c'est le même que celui de 855. Nadaud nous apprend qu'il est daté de la VIII^e *année de Charles roi d'Aquitaine.* Or celui de 855 est daté : *anno VIII regnante Karolo, serenissimo Aquitanorum rege* [3] ; et plusieurs auteurs l'ont, à cause de cela, rapporté à l'année 846, qui est la huitième à partir du sacre de Charles le Chauve, sans s'inquiéter de la date *anno incarnationis Domini nostri Jesu Christi DCCCLV*, qui est jointe à la précédente. Toujours est-il que, soit dans les notes de Nadaud, soit dans les cartulaires de Beaulieu, Saint-Etienne de Limoges et autres, il n'existe aucun acte de Gérard pouvant se rapporter à l'an 846. On peut donc conclure, soit qu'on se prononce pour la date de 855, soit qu'on préfère celle de 846, que les deux actes dont parle Nadaud se réduisent à un seul.

Cet acte est un échange entre Stodilus, évêque de Limoges, et un personnage nommé tout le temps *Gerardus comes*, sans qu'il soit dit d'où il est comte. Ce Gérard cède à Stodilus l'église et la villa de *Rovaria*, dans la vicairie de Flavignac près de Limoges, et l'église d'*Exidogilum* en Albigeois, en échange de la villa de Coüy [4] près de Nérondes en Berry. En voyant ce comte posséder des biens en Limousin et en Albigeois, il n'y a pas de raison pour le supposer comte de Limoges plutôt que d'Alby. Au contraire, en le voyant se défaire de ces biens, pour en acquérir d'autres en Berry, n'est-il pas fort probable qu'il est plutôt comte de Bourges ? Et cette présomption n'a-t-elle pas pour elle les plus grands caractères de vraisemblance, quand on sait que de 838 à 872 le Berry fut régi par un comte du nom de Gérard [5] ?

C'est là un fait qui aurait dû frapper nos historiens. Un seul pourtant l'a soupçonné, et c'en est un qui ne brille généralement pas par sa critique, Bonaventure de Saint-Amable. Il

---

[1] *Hist. généal. de la mais. de Turenne*, p. 32.
[2] Deloche, *Cart. de Beaul.*, ch. VII et IX.
[3] Voir aux PIÈCES JUSTIFICATIVES, n° 2.
[4] Canton de Sancergues, arrondissement de Sancerre (Cher).
[5] C'est ce Gérard que Charles le Chauve voulut déposséder en 867 au profit d'Acfred, ex-comte de Toulouse. Gérard résista, tua son rival et demeura dès lors tranquille possesseur du Berry. (Dom Vaiss., *Hist. du Lang.* — Notes de la Nouv. Édit., t. II, p. 299.)

attribue cette charte à Gérard de Bourges [1]; mais, préoccupé de l'existence de Gérard de Limoges [2], il perd, par les hypothèses les plus arbitraires, tout le mérite de sa clairvoyance. Ainsi, pour expliquer comment Gérard de Bourges possède des biens en Limousin, il suppose qu'il a d'abord été comte de Limoges; puis, le confondant avec Gérard d'Auvergne, il prétend que, lorsque Pépin d'Aquitaine lui donna sa fille en mariage, il voulut l'élever en dignité et le fit passer au comté de Bourges. Tout cela ne repose sur aucune donnée sérieuse et n'a jamais été pris en considération par un seul historien.

Que reste-t-il maintenant de ce prétendu Comte de Limoges? On a vu que ce n'est pas lui qui a épousé la fille de Pépin, mais le comte d'Auvergne; que ce n'est pas lui qui a fait l'échange de 855 avec Stodilus, mais le comte de Bourges; que ce n'est pas lui qui a été préposé au commandement de l'armée réunie à Limoges, mais le comte d'Auvergne. Que conclure de tout cela? c'est que, contrairement à l'opinion accréditée, il n'y a jamais eu de comte Gérard à Limoges.

---

[1] *Hist. de S. Martial*, t. III, p. 304.

[2] Il n'apporte pour preuve de l'existence de Gérard qu'un passage de l'*Histoire des Comtes de Poitou* de Besly (ch. VII). Mais Besly ne dit aucunement que le Gérard dont il parle fût comte de Limoges.

## CHAPITRE III.

I. Le comte RAYMOND de Limoges est le même que le comte Raymond de Toulouse. — Dates de son avènement à ces deux comtés. — II. Actes dans lesquels il figure comme Comte de Limoges. — Sa famille. — III. Il eut pour successeurs à Limoges ses fils BERNARD et EUDES, aussi comtes de Toulouse.

### I.

Revenons maintenant à ce comte Raymond que l'interpolateur d'Adémar de Chabannes donne pour successeur à Rathier (841).

On a vu plus haut qu'il nous est resté sur lui bien peu de documents. Plusieurs des anciens auteurs limousins lui ont attribué un certain nombre d'actes du Cartulaire de Beaulieu ; mais Baluze et, après lui, tous les écrivains sérieux les ont restitués avec raison au comte Raymond de Toulouse [1]. Baluze s'est servi d'un argument irréfutable : Le comte Raymond mentionné dans le Cartulaire de Beaulieu est dit avoir pour fils Bernard, Eudes et Arbert [2]. Or Raymond de Toulouse eut pour fils : Ber-

---

[1] Baluze, *Hist. Tutel.*, p. 10.
[2] *Cart. de Beaul.*, ch. XI, p. 26.

nard, qui lui succéda (864-875) ; Eudes, qui succéda à son frère (875-918), et Arbert, qui fut abbé de Vabres [1].

Voilà qui démontre sans réplique qu'il s'agit ici du comte de Toulouse ; mais, pour prouver que ce comte de Toulouse n'a pas été en même temps comte de Limoges, Baluze invoque un argument moins bon : « c'est qu'à cette époque, *anno octavo regnante Karolo, serenissimo Aquitanorum rege*, on trouve dans le Cartulaire de Limoges que Gérald était comte de Limoges. » C'est donc seulement cette charte de 855, que nous avons discutée plus haut, qui empêche Baluze d'identifier le comte de Toulouse et le comte de Limoges. Or on vient de voir que cette charte appartient à un comte de Bourges ; il n'est donc pas téméraire d'avancer que Raymond de Limoges et Raymond de Toulouse ne font qu'un même personnage.

C'est d'ailleurs le seul moyen de comprendre les chartes du Cartulaire de Beaulieu. Autrement comment expliquer que, dans un cartulaire limousin, Raymond comte de Toulouse soit mentionné plusieurs fois, tandis que Raymond comte de Limoges ne le serait pas une seule ? comment expliquer ce rôle important des comtes de Toulouse dans le bas Limousin s'ils n'en étaient pas les maîtres ? On a prétendu que le bas Limousin était devenu un appendice de leur comté de Quercy ; mais s'il en était ainsi, auraient-ils rappelé dans leurs propres chartes qu'il était *in comitatu Lemovicensi* [2] ?

On peut, du reste, joindre au témoignage de ces chartes un témoignage indirect apporté inconsciemment par l'interpolateur d'Adémar de Chabannes. Cet auteur prétend qu'Eudes roi de France était fils de Raymond comte de Limoges [3]. C'est une grosse erreur reconnue par tous, mais qui montre que la tradition, peut-être même des preuves plus positives, donnaient au Comte de Limoges un fils du nom de Eudes, que le chroniqueur a confondu avec le roi de France. Or précisément Raymond de Toulouse avait un fils nommé Eudes. Tout concorde donc à prouver que le comte de Toulouse et celui de Limoges ne sont qu'une seule et même personne [4].

---

[1] Arbert ou Aubert portait aussi le nom de Benoît, sous lequel on le trouve désigné dans plusieurs chartes.

[2] Deloche, *Cart. de Beaulieu*, ch. x, p. 25.

[3] « Hic Odo fuit filius Raimundi comitis Lemovicensis..... » (lib. III, cap. 22; ap. Pertz, *SS.*, t. IV, p. 123, note 2*).

[4] C'est à la fin de 1872 que nous avons avancé pour la première fois cette opinion, dans la Thèse que nous avons soutenue à notre sortie de l'École des chartes. M. Marvaud a depuis, dans son *Hist. des Vicomtes de Limoges*,

Ce qui aura empêché l'interpolateur d'Adémar de Chabannes de lui donner ce double titre, c'est qu'il ne fut probablement comte de Toulouse que plusieurs années après être devenu comte de Limoges ; car ce n'est qu'en 852 qu'il remplaça à Toulouse son frère Frédelon, et à cette époque il était comte de Limoges depuis longtemps déjà.

## II.

Cela admis, il nous reste à passer rapidement en revue les actes de ce Comte qui intéressent particulièrement le Limousin. Ils sont peu nombreux et déjà connus ; aussi n'est-il pas nécessaire de s'y arrêter longuement.

L'acte le plus important auquel Raymond ait pris part est la fondation de l'abbaye de Beaulieu, faite par Rodulfe de Turenne, archevêque de Bourges [1]. Il y figure comme témoin.

---

admis que Raymond était à la fois Comte de Limoges et de Toulouse; mais il a seulement avancé le fait, sans preuve à l'appui. Il s'est d'ailleurs contenté de copier Bonaventure de Saint-Amable, sans remarquer les incohérences auxquelles il était conduit. Ainsi, il place Raymond à Limoges en 841. Il le fait remplacer en 843 par Foulques, auquel succède Gérard (p. 57), et, sans qu'on sache comment, il replace Raymond à Limoges en 864 (p. 62). Pour tous ces changements, il n'invoque d'autre autorité que Justel.

[1] *Cart. de Beaul.*, ch. I. Cet acte a été fort diversement daté. Mabillon, Justel, Besly et les auteurs de la *Gallia christiana vetus* l'ont rapporté à l'an 846, parce qu'il est daté « anno VI, regnante Karolo rege serenissimo, » ce qu'ils ont entendu du règne de Charles le Chauve. Les auteurs de la *Gallia christiana nova*, ayant eu une copie tirée du Cartulaire de Saint-Étienne de Limoges qui portait « anno XVI, regnante rege Karolo minore, » l'ont fixé à l'an 870, ce qui est inadmissible, puisque Charles le Jeune, fils de Charles le Chauve et roi d'Aquitaine, n'a régné que onze ans, de 855 à 866. Enfin M. Deloche a proposé la date de 860, qui s'accorde mieux que les précédentes avec les synchronismes de l'acte, mais qui n'est pas complétement satisfaisante. Il est en effet formellement dit dans l'acte que la donation est faite à l'abbé et aux moines de Sollignac, « ut cœnobium *construant*, » ce qui indique clairement que les constructions ne sont pas commencées, c'est-à-dire que l'acte est antérieur à ceux d'avril et de juillet 860, par lesquels Rotrude fait une donation aux moines de Beaulieu « qui monasterium *construunt*; » à celui de mai 859, dans lequel l'archevêque Rodulfe dit « cœnobium... quod in fundo juris mei *construo*, » enfin qu'il est antérieur à l'an 855, époque

Vers la même époque, il échangea avec le même Rodulfe certains biens situés dans la vicairie de Puy-d'Arnac, sur les confins du Limousin et du Quercy. Rodulfe donna ces biens en 859 à l'abbaye de Beaulieu [1].

Il est fait allusion à cet échange et à un autre que Raymond avait fait avec Stodilus, évêque de Limoges, dans un diplôme du roi Eudes de l'an 887 [2].

Notre Comte est encore nommé dans une donation que fit à l'abbaye de Beaulieu, en 887, Frotaire, successeur de Rodulfe au siége de Bourges [3]. Cette donation est faite pour le repos de l'âme de Raymond et de ses trois fils Bernard, Eudes et Arbert. Il faut, pour l'expliquer, supposer que Frotaire était proche parent de Raymond, ou plutôt que Raymond était le seigneur temporel de quelqu'un des pays dont Frotaire était le chef spirituel. Ceci ne peut évidemment s'appliquer qu'au Limousin : c'est donc la confirmation de ce que nous avons établi plus haut.

Raymond est mentionné une dernière fois dans le testament du vicomte Adémar, abbé laïque de Tulle [4]. On y lit qu'il avait cédé au père de ce Vicomte un alleu, situé dans la vicairie d'Espagnac.

Voilà tout [5] ce que les actes limousins nous apprennent sur ce

---

qu'Adémar de Chabannes fixe pour la consécration du monastère (M. Deloche a prouvé de la manière la plus concluante l'exactitude de cette date de 855). Nous croyons donc devoir proposer pour l'acte de fondation de Beaulieu la date de 853. Charles le Chauve étant devenu roi d'Aquitaine en 848, l'année 853 est la sixième de son règne, en ne comptant pas les deux ans de règne de Pépin. Cette date satisfait à tous les synchronismes.

[1] *Cart. de Beaul.*, ch. XVIII, p. 42 : « et in alio loco in orbe Lemovicino, in vicaria Asnacense, alium mansum qui Velia Vinea dicitur....., quem cum Raimundo comite concambiavi..... »

[2] Ibid., ch. XII, p. 29 : « Confirmamus..... similiter et commutationes » quas Rodulfus archiepiscopus et Ragemundus comes inter se fece- » runt. »

[3] Ibid., ch. XI, p. 26 : « Idcirco ego, in Dei nomine, Frotarius, sanctæ » Biturigensis Ecclesiæ archiepiscopus, tactus divina inspiratione, pro » amore Dei et veneratione jamdicti beati Apostoli, necnon pro anima » Regimundi, filiorumque ejus Bernardi et Oddonis atque Arberti, » cedo..... »

[4] Baluze, *Hist. Tutel.*, Append., col. 334 : « alodum quem pater meus ad- » quisivit de comite Raimundo, in vicaria Spaniacensi seu Faurcensi..... » Cet acte, dont on ne connaît pas la date exacte, est postérieur à 923, année de l'avénement du roi Raoul, et antérieur à 935, époque de la mort d'Ebles, comte de Poitiers. Baluze le croit de 930 environ.

[5] L'abbé Nadaud, dans ses *Mémoires sur le Limousin* (t. II, p. 60, mss. du Sémin. de Limoges), cite un acte « de l'an IV de Charles 3e, c'est-à-dire de 897, » où il est question de Raymond. Mais cet acte est celui que

Comte. Nous pourrions aisément compléter ces renseignements à l'aide de documents étrangers à la province, mais cela nous exposerait à répéter des choses déjà connues de tout le monde.

Qu'il nous suffise de dire que son père se nommait Foucaud [1], et sa mère Sénégonde ; qu'outre les trois fils que nous lui connaissons, il avait une fille [2], qui donna lieu à un démêlé célèbre avec Etienne, comte d'Auvergne [3], son fiancé, qui refusait de l'épouser. L'affaire fut portée au concile de Tousy [4], qui la renvoya au jugement des évêques d'Aquitaine ; mais on ne sait comment elle se termina.

## III.

Raymond mourut en 864. Ses successeurs dans le comté de Toulouse furent ses fils Bernard (864-875) et Eudes (875-918) [5]. Il est donc naturel de supposer qu'ils furent aussi Comtes de Limoges.

C'est en effet ce dont nous trouvons la preuve dans le Cartulaire de Beaulieu, où se lisent plusieurs chartes, qu'il serait difficile de comprendre si l'on ne devait pas admettre cette hypothèse. On ne peut guère, par exemple, expliquer autrement cette donation, que nous avons déjà signalée, de l'archevêque

---

Baluze rapporte à l'an 844 (*Hist. Tutel.*, col. 310), et M. Deloche à 859 (*Cart. de Beaul.*, ch. XVIII). Il est daté : « anno quarto Karoli minoris, » qui est Charles le Jeune et non Charles le Chauve, comme l'a cru Baluze, ou Charles le Simple, comme l'a cru Nadaud.

[1] Plusieurs historiens, entre autres Bonaventure de Saint-Amable (*Hist. de S. Martial*, 3e part., p. 162), et l'abbé Legros (*Calendrier ecclés. du Limousin*, année 1776), ont inséré dans la liste des Comtes de Limoges, entre Rathier et Raymond, un comte Foulques. C'est peut-être Foucaud, père de Raymond, dont ils auront fait un Comte de Limoges, quoique aucun document d'aucun genre n'autorise à lui donner ce titre.

[2] Voir l'*Art de vérifier les dates* et l'*Hist. du Languedoc*, t. I, p. 563 et 720.

[3] M. Mabille, dans la nouvelle édition de l'*Histoire du Languedoc* (t. II, p. 309), a contesté à Étienne le titre de Comte d'Auvergne. La question étant étrangère à notre sujet, nous avons cru devoir suivre l'opinion générale ; mais nous ne pouvons méconnaître la valeur des arguments invoqués par M. Mabille.

[4] Labbe, *Concil.*, t. VIII, col. 716.

[5] Dom Vaissete, *Hist. du Lang.*, t. I, p. 571, 580.

de Bourges Frotaire : « pro anima Regimundi filiorumque ejus » Bernardi et Oddonis[1]. » On ne peut expliquer davantage la vente que fit Eudes au même Frotaire de la villa d'*Orbaciacus*, qu'il déclare située *in comitatu Lemovicino*[2]. Mais la preuve la plus convaincante est dans le plaid [3], que tint le Comte Bernard en 870[4], dans lequel l'abbé de Beaulieu vint réclamer l'église Saint-Christophe de Cousage, que s'était appropriée un certain Adenus. La notice du plaid dit expressément que Cousage est *in pago Lemovicino*. On ne comprendrait pas que le comte Bernard ait pu tenir des assises en Limousin, s'il ne jouissait pas d'une autorité régulière dans le pays.

Aussi tous ceux de nos anciens auteurs qui ne connaissaient pas les Comtes de Toulouse, ont-ils pris ce Bernard pour un Comte de Limoges[5]. Au contraire les historiens mieux informés, comme Baluze et M. Deloche, qui n'ont vu dans Raymond et ses fils que des comtes de Toulouse, ont dû supposer que le Limousin avait à peu près échappé à la puissance des Comtes de Limoges [6]. Or ce démembrement n'a certainement jamais eu lieu, sinon dans la vente du lieu d'Orbaciacus, le comte Eudes n'aurait pas dit que cette villa était *in comitatu Lemovicino*. Il est d'ailleurs prouvé que le Comte qui succéda en Limousin aux enfants de Raymond, Ebles de Poitiers, exerçait son autorité à Uzerche, à Tulle et dans tout le bas Limousin. Le vicomte qui rendait la justice dans cette région le reconnaissait pour seigneur [7] ; or Ebles n'aurait pas eu des vassaux à une aussi

---

[1] *Cart. de Beaulieu*, ch. XI, p. 26.

[2] Ibid., ch. X, p. 24. Dom Vaissete fixe la date de cette charte à l'an 876. M. Deloche, d'accord avec Mabillon, la reporte à 886 ou 887.

[3] *Cart. de Beaul.*, ch. XXVII, p. 55. — Cousage est aujourd'hui un village de la commune de Chasteaux, canton de Larche (Corrèze).

[4] Baluze a attribué ce plaid à Bernard de Turenne (*Hist. Tutel.*, p. 13), parce qu'il a mal compris la date : « Facta ista notitia in mense augusto, » anno IV Ludovici regis, filii Karoli regis. » Il a cru qu'il s'agissait de Louis d'Outre-mer. M. Deloche a pu, grâce à une autre charte du même Cartulaire (ch. III, p. 12), prouver que c'était Louis le Bègue, qui commença à régner en Aquitaine en 866. Cela reporte ce plaid à l'an 870, longtemps avant l'époque où vivait Bernard de Turenne.

[5] Bonav. de Saint-Amable, *Hist. de S. Martial*, 3e part., p. 162. — Justel, *Hist. généal. de la maison de Turenne*, pr., p. 11 et 12. — Nadaud, *Mém. mss. sur le Limousin*, t. II, p. 60.

[6] Baluze, *Hist. Tutel.*, p. 10.— M. Deloche (*Étude sur la géogr. hist. de la Gaule*, p. 263) attribue aux comtes de Toulouse « une juridiction ou plutôt » des prérogatives de seigneurs justiciers sur certaines parties du terri- » toire limousin. » Mais il repousse l'idée d'un démembrement territorial.

[7] Le vicomte Adémar, abbé laïque de Tulle, qui présida à Brive un

grande distance de chez lui, s'il n'avait été Comte de cette partie du Limousin. C'est donc en son nom que le vicomte de Tulle et Brive devait rendre la justice. Or Cousage, étant très-rapproché de Brive, devait être sous la même juridiction ; c'est donc comme Comte de Limoges que Bernard a présidé le plaid de Cousage, et non comme Comte de Toulouse.

Il nous paraît dès lors démontré que les fils de Raymond, Bernard et Eudes, furent Comtes de Limoges, comme ils le furent de Toulouse, après la mort de leur père.

Peut-être sera-t-on tenté d'opposer à cette conclusion les opinions contraires de Baluze et de M. Deloche ; mais leur autorité ne saurait être invoquée dans cette question, car ils n'ont eu ni l'un ni l'autre occasion d'approfondir cette partie de l'histoire limousine, qui pour eux n'était qu'accessoire. Baluze faisait l'histoire de Tulle, les Comtes de Limoges lui importaient peu. Il s'est donc contenté de relever en passant les erreurs trop manifestes, que Justel avait commises à leur sujet. M. Deloche étudiait les divisions géographiques du Limousin ; il n'a eu à parler des Comtes qu'incidemment : il s'en est tout naturellement rapporté à Baluze et à l'*Art de vérifier les dates*, qu'il n'avait pas lieu de suspecter. Partant de ces données, M. Deloche a cherché à établir, par une suite d'hypothèses fort bien enchaînées, que, depuis la fin du IXe siècle, le Limousin avait toujours appartenu aux ducs d'Aquitaine [1]. Cette opinion paraît assez plausible au premier abord, et l'auteur l'a défendue avec assez d'habileté pour que nous lui devions un examen détaillé. Nous allons donc discuter cette opinion, que nous pouvons ne pas partager, sans méconnaître pour cela le mérite d'un ouvrage, dont mieux que personne nous avons pu apprécier la valeur.

---

plaid, dont la notice nous est parvenue (Baluze, *Hist. Tutel.*, app., col. 348), termine ainsi son testament : « Ut autem hæc auctoritas firmior perse- » veret, senioris nostri Ebali hanc auctoritate firmari rogavimus. » (Ibid., col. 338.)

[1] *Étude sur la géogr. hist. de la Gaule*, p. 243 et suiv.

## CHAPITRE IV.

**I. Examen des hypothèses de M. Deloche sur les Comtes de Limoges. — Limoges n'était pas la capitale de l'Aquitaine au IXe siècle. — II. Critique de l'*Ordo ad benedicendum ducem Aquitaniæ*. — III. Les Comtes d'Auvergne Guillaume le Pieux, Acfred et Guillaume le Jeune n'ont pas été Comtes de Limoges. — IV. Les Comtes de Poitiers ne furent Comtes de Limoges qu'après les Comtes de Toulouse. — A quelle date ?**

### I.

M. Deloche attribue d'abord à Limoges ce comte Gérard, que nous avons restitué à Bourges. Il le fait vivre en même temps que l'évêque Stodilus, dont il place la mort vers 861 [1]. C'est là le point de départ de toute sa théorie.

Il admet en second lieu que Guillaume le Pieux, duc d'Aquitaine de 893 à 927, a été Comte de Limoges, hypothèse difficile à justifier, comme on le verra plus loin.

Voici le raisonnement de M. Deloche : « Depuis Guillaume le

---

[1] « *Geraldus* ou *Gerardus*, qui est le dernier connu pour avoir possédé » l'*office et le titre seuls* de comte de Limoges, et qui vécut sous l'épis- » copat de Stodile ou Stolide, mort vers 861. » (*Étude sur la géogr. hist. de la Gaule*, p. 243.)—La phrase est peu claire. La date de 861 semble plutôt se rapporter à la mort de Stodilus, mais le reste de la discussion montre que l'auteur l'attribue aussi à la mort de Gérard.

Pieux, en 893, jusqu'au milieu du XII^e siècle, le Limousin semble être l'apanage des ducs d'Aquitaine. N'est-ce pas une présomption pour qu'il en fût de même de 861 à 893? » Pendant tout le IX^e siècle, Limoges était considérée « comme la ville principale de l'Aquitaine. » C'était là que, « suivant un antique usage, » les ducs devaient « être inaugurés. » Or, de 861 à 893, le duché d'Aquitaine tombe dans les mains des comtes de Poitiers, qui, dès qu'ils en sont maîtres, semblent vouloir en faire un royaume indépendant. On comprend donc « l'importance qu'ils devaient attacher à la possession de la ville, que l'usage et la tradition avaient revêtue d'un pouvoir supérieur, celui de conférer une couronne. Il est dès lors très-présumable qu'à la mort du comte Gérard ou Géraud, Rainulfe I s'empara du comté et de la ville de Limoges, et que ses successeurs immédiats Bernard II et Rainulfe II en restèrent possesseurs [1]. »

En somme, toute l'argumentation de M. Deloche repose sur cette double assertion :

1° Que Limoges « fut, dans le cours du moyen âge, ou du moins sous les premiers Capétiens et dans tout le cours du IX^e siècle, considérée comme la ville principale de l'Aquitaine; »

2° Que le Limousin appartint aux mêmes maîtres que le duché d'Aquitaine depuis Guillaume le Pieux (893), ce qui fait supposer qu'il en fut de même de 861 à 893, alors que les comtes de Poitiers possédaient le duché.

Or, nous allons voir que Limoges n'était pas la capitale de l'Aquitaine, et que rien ne peut faire supposer que les ducs aient eu l'habitude de s'y faire couronner au IX^e siècle;

En second lieu, que Guillaume le Pieux et les autres Comtes d'Auvergne n'ont pas été Comtes de Limoges;

Que rien, par suite, n'autorise à regarder les Comtes de Poitiers comme ayant dû être Comtes de Limoges.

Pour démontrer sa première proposition, M. Deloche a réuni des arguments plus nombreux que convaincants, car, à l'exception d'un seul qui mérite une attention toute particulière, on pourrait en trouver de pareils pour justifier les prétentions de la plupart des grandes villes de France.

Pour prouver que Limoges était la ville principale de l'Aquitaine, M. Deloche a groupé tout un ensemble de faits, que voici :

Elle se mit à la tête du mouvement de Waïfer contre Pépin;

---

[1] *Étude sur la géogr. hist.*, p. 245-247.

Les rois avaient un palais à Jucondiac, dans le voisinage immédiat de la ville ;

En 837, le roi d'Aquitaine donna sa fille en mariage au Comte de Limoges ;

En 848, Charles le Chauve présida de grandes assises à Limoges ;

Enfin, plusieurs rois et les ducs d'Aquitaine s'y faisaient couronner [1].

Cette série de faits peut paraître imposante ; malheureusement il y a trop à dire sur chacun d'eux, pour que leur ensemble soit bien concluant.

1° Aucun auteur ne donne à Limoges le rôle que M. Deloche lui prête dans les guerres d'Aquitaine. Bien plus, il semble que Waïfer tenait peu à la possession de cette prétendue capitale, puisqu'il la démantela lui-même, et la laissa prendre et fortifier par Pépin [2]. La vraie capitale de l'Aquitaine était alors Bourges ; aussi Pépin eut-il soin de s'en emparer, de s'y fortifier, de s'y construire un palais, d'en faire en un mot son quartier général [3].

2° Il est très-vrai que Louis le Pieux avait un palais à Jucondiac [4], mais les rois de France en avaient dans beaucoup d'autres villes d'Aquitaine, notamment à Bourges, Chasseneuil, Poitiers, Toulouse, etc. [5].

3° Il est presque certain, comme on l'a vu plus haut, que Rathier, le gendre de Pépin, fut Comte de Limoges ; mais il ne le devint qu'en 839 [6]. Or, de l'aveu de M. Deloche, c'est en 837 que Pépin lui donna sa fille [7]. Ce n'est donc pas la qualité de Comte de Limoges, qui lui valut l'honneur d'être gendre du roi.

---

[1] *Étude sur la géogr. hist.*, p. 245.

[2] Le Continuateur de Frédégaire, auquel sont empruntés ces détails, ne parle pas du siége de Limoges, que mentionnent les chroniques d'Hermann et de Réginon. Mais ce siége, dût-on l'admettre, comme c'est probable, ne justifierait en rien l'assertion de M. Deloche, car il n'eut lieu qu'à la seconde ou troisième expédition de Pépin (Bouq., t. V, p. 363. — Pertz, *SS.*, t. I, p. 557).

[3] C'est là qu'il passa l'hiver de 767-768. C'est là qu'il laissa sa femme Bertrade, qui l'avait suivi pendant la campagne de 767. (*Cont. Fredeg.*, liv. IV.)

[4] Aujourd'hui le Palais, canton de Limoges (Haute-Vienne).

[5] Mabillon, *De re diplom.*, lib. IV.

[6] Il fut placé à Limoges en même temps que Ranulfe à Poitiers et Turpion à Angoulême (*Interp. Adem. Cab.*, liv. III, ch. 16).

[7] *Étude sur la géogr. hist.*, p. 245.

4° Charles le Chauve réunit en 848 une grande assemblée à Limoges. Le fait est incontestable [1]; mais que peut-on en conclure, quand on voit les rois tenir, à la même époque, des réunions du même genre à Nevers, Orléans, Bourges, etc., en un mot dans tous les lieux où le hasard les conduisait [2]?

5° Nous voici arrivés à l'argument le plus sérieux. S'il est vrai que les ducs d'Aquitaine, parfois même les rois, se faisaient couronner à Limoges, les hypothèses de M. Deloche peuvent avoir un certain degré de vraisemblance. Or le savant académicien prétend que Charles le Jeune y aurait été sacré en 855, Eudes en 887, Raoul au xe siècle, Richard Cœur-de-Lion au xiie siècle [3]. De ces quatre couronnements, un paraît bien constaté, celui de Richard Cœur-de-Lion [4]; un autre, celui de Charles le Jeune, paraît très-probable, quoique Adémar de Chabannes le mette au compte de Charles le Chauve [5], ce qui prouve tout au moins que la tradition était confuse. Quant aux deux autres, ce sont des faits très-contestables. Un seul auteur parle du sacre d'Eudes à Limoges. Ce n'est pas Adémar de Chabannes, comme l'a dit M. Deloche, mais son interpolateur, et c'est dans un passage célèbre par l'énormité des erreurs qu'il contient [6]. Quant à Raoul, je ne sais sur quelle autorité M. Deloche l'a fait sacrer à Limoges. Hugues de Fleury prétend qu'il fut sacré à Soissons en 923 [7], et l'*Art de vérifier les dates*, qui adopte cette version, fait observer qu'il ne fut reconnu en Aquitaine que bien des années après (vers 932).

Donc il n'y eut qu'un roi d'Aquitaine couronné à Limoges, fait dont on ne peut tirer aucune conclusion, puisque plusieurs autres villes au-delà de la Loire [8] servirent à pareille cérémonie. De même, parce qu'un duc d'Aquitaine y fut couronné au xiie siècle, on n'est pas autorisé à prétendre que Limoges était la ville où les autres ducs, ceux surtout du ixe siècle, se faisaient couronner.

---

[1] Adem. Caban, *Hist.*, lib. III, cap. 18, et *Comm. abb. S. Mart.*
[2] Voir les chroniques contemporaines et Adémar de Chabannes.
[3] *Étude sur la géogr. hist.*, p. 245.
[4] Gauf. Vos. — *Hist. de la France*, t. XII, p. 442-443.
[5] *Hist.*, lib. III, cap. 19. Adémar a emprunté ce fait aux *Annales Lemovicenses*, ap. Pertz, *SS.*, t. II, p. 251.
[6] Pertz, *SS.*, t. IV, p. 123, n° 2*.
[7] *Hist. de la France*, t. VIII, p. 322.
[8] Les rois se faisaient couronner parfois dans des lieux de peu d'importance. Ainsi Louis le Bègue fut couronné roi d'Aquitaine à Pouilly-sur-Loire (*Bellus Pauliacus*). — *Annales de Saint-Bertin*, an. 867.

## II.

Aussi n'est-ce pas sur ce fait unique que M. Deloche s'est fondé pour attribuer à Limoges ce rôle important. C'est bien plutôt sur un très-curieux document, que nous allons examiner, document qui a fourni à l'honorable auteur un argument plus puissant que tous ceux qui précèdent.

Le savant Besly a extrait d'un ancien manuscrit du chapitre de Saint-Etienne de Limoges un *Ordo ad benedicendum ducem Aquitaniæ* [1], sur lequel quelques écrivains se sont appuyés pour prétendre que les ducs d'Aquitaine devaient se faire couronner dans cette ville. C'est ce document qui a inspiré à M. Deloche la théorie que nous examinons; et l'on doit reconnaître que, si ce document avait la valeur que lui attribue M. Deloche, nul autre n'expliquerait mieux l'intérêt que les ducs d'Aquitaine auraient eu à posséder Limoges, et par suite le Limousin tout entier.

Malheureusement M. Deloche ne semble pas s'être suffisamment préoccupé de l'époque à laquelle ce document a été rédigé. L'auteur a pourtant pris le soin de se nommer : c'est le *præcentor* Hélie [2], qui vivait au commencement du XIIIe siècle [3]. Il nous apprend qu'il a rédigé ce cérémonial à la requête du chapitre de Saint-Etienne de Limoges, pour que l'on sache à l'avenir les honneurs qui sont dus au duc d'Aquitaine, et que l'Église de Limoges ne puisse être dépouillée de ses priviléges [4]. C'est donc un document du XIIIe siècle.

---

[1] Ce cérémonial est imprimé dans Besly, *Hist. des comtes de Poictou*, p. 183. — Th. Godefroy, *Cerémonial françois*, t. I, p. 605. — *Recueil des Hist. de la France*, t. XII, p. 451.

[2] « Capitula quæ superius habentur digesta de duce Aquitaniæ admittendo, monitione capituli sui, Helias, præcentor Lemovicensis, sicut a » providis et honorabilibus viris, qui noverunt didicit, luculento calamo » aperte contexuit..... »

[3] Cette date nous est donnée notamment par un acte de 1218, dans lequel le chapitre de Saint-Étienne de Limoges règle les cérémonies de la fête de saint Guillaume de Bourges « ad preces devotas dilecti sui » Heliæ præcentoris, cujus idem præcentor..... clericus extitit et alumnus. » Cet acte est imprimé dans le *Cérémonial* de Godefroy, t. I, p. 608.

[4] « Ne posset in posterum oblivione sopiri, quanta reverentia et quo-

Il est vrai qu'Hélie prétend n'avoir fait que rédiger ce que lui ont appris sur cette cérémonie de sages et honorables hommes; qu'il ajoute même que l'honneur qu'il attribue à l'Église de Limoges lui appartenait de temps immémorial [1]. Mais cela montre seulement qu'il croyait ces cérémonies très-anciennes, cela ne prouve aucunement que la tradition qu'il rapporte soit digne de foi, ni surtout qu'elle remonte au IX$^{e}$ siècle. Les prières contenues dans ce document sont celles qu'on employait pour le sacre des rois. On les retrouve avec des variantes peu importantes dans le sacre de Louis VIII en 1223 [2]. Il est donc fort probable que ce document a dû être écrit à une époque voisine de ce sacre.

Selon toute vraisemblance, il a été rédigé à la suite du couronnement de Richard Cœur-de-Lion à Limoges, en 1167. Ainsi s'explique l'emploi de formules réservées au couronnement des rois.

En tout cas, l'on peut hardiment conclure que ce document ne relate pas des cérémonies en usage au IX$^{e}$ siècle. En conséquence, on doit rejeter l'argument principal que M. Deloche en tire, à savoir que, dès le IX$^{e}$ siècle, les ducs d'Aquitaine se faisaient couronner à Limoges.

## III.

Mais supposons un moment que M. Deloche ait raison, que les ducs d'Aquitaine aient eu intérêt à posséder Limoges comme capitale de leur duché, il faudrait encore, pour admettre le raisonnement du savant académicien, que les Comtes d'Auvergne eussent été Comtes de Limoges. Car M. Deloche nous dit : S'il est reconnu que « depuis Guillaume le Pieux, en 893, jusqu'au mi-

---

» modo, sicut legitur in præmissis, dux debeat in novitatis suæ primitiis
» insigniri. Similiter ne unquam contingat cathedralem Ecclesiam Lemo-
» vicensem, suo usquequaque defraudari juris honore..... »

[1] « Qua constat eam a priscis temporibus privilegiatam fuisse. »

[2] Godefroy, *Cérém. franç.*, t. I, p. 13. — Au contraire, les prières du sacre de Charles le Chauve et de Louis le Bègue, qui nous ont été conservées, sont très-différentes. (Ibid., p. 98 et 106.)

lieu du XIIe siècle, le Limousin semble être l'apanage des ducs d'Aquitaine, n'est-ce pas une présomption pour qu'il en fût de même de 861 à 893 [1] ? » Or nous allons voir que Guillaume le Pieux et les comtes d'Auvergne ses successeurs n'ont jamais possédé le Limousin, et qu'ainsi la présomption invoquée par l'honorable écrivain n'existe pas.

« Après, dit M. Deloche, que Guillaume le Pieux, comte d'Auvergne, eut été pourvu du duché d'Aquitaine (avant 893), il prit le titre de Comte de Limoges ou du Limousin [2]; » et un peu plus loin [3] il cite les deux textes d'après lesquels il a avancé ce fait, qui sont :

1° Un acte souscrit par Guillaume postérieurement à sa promotion, dans lequel il prend le titre de Comte de Limoges;

2° Un passage d'Adémar de Chabannes, disant que Guillaume le Jeune, successeur de Guillaume le Pieux, reçut le Comté de Limoges avec le duché.

Il faut d'abord écarter du débat le passage d'Adémar de Chabannes. Il ne s'applique pas à Guillaume le Jeune, mais à Guillaume Tête-d'Etoupe, comte de Poitiers [4].

Il reste donc à M. Deloche, pour argument unique, cet acte où il a trouvé Guillaume le Pieux portant le titre de Comte de Limoges, acte qu'il n'a malheureusement pas cité. Nous avons fait en vain, pour le retrouver, les recherches les plus minutieuses. Nous avons pu constater que, dans ses diplômes, Guillaume le Pieux prend les titres de *comes, dux et comes, comes et marchio* sans ajouter au mot *comes* le nom d'aucun comté. Il est donc probable que M. Deloche aura lu son nom avec la qualification de *comes* dans quelque acte limousin, et qu'il en aura induit qu'il était comte de Limoges. S'il en est ainsi, l'acte en question pourrait bien être une charte du Cartulaire de Beaulieu, où nous lisons parmi les souscriptions : *Signum Willelmi comitis* [5]. M. Deloche pense qu'il s'agit là du comte d'Auvergne. C'est possible, mais il est bien certain qu'il ne figure pas comme comte de Limoges, car la charte est de 887, et, d'après M. De-

---

[1] *Étude sur la géogr. hist.*, p. 245.

[2] Ibid., p. 243.

[3] *Étude sur la géogr. hist.*, p. 255.

[4] Voici le passage d'Adémar: « Willelmus vero cognomento Caput-Stupæ » Arvernis, Vallatis, Lemovicæ et Pictavis comes provectus, dux Aqui- » taniæ extitit » (*Hist.*, lib. III, cap. 25). On ne peut reprocher à M. Deloche cette erreur matérielle : elle est le résultat d'une transposition de notes, survenue accidentellement pendant l'impression de son livre.

[5] *Cart. de Beaul.*, ch. x, p. 25.

loche lui-même, Guillaume le Pieux n'a pu devenir comte de Limoges qu'en 893 [1].

Rien donc n'autorise à faire de Guillaume le Pieux un Comte de Limoges. Quant à ses deux successeurs, Guillaume le Jeune et Alfred, ils n'y ont pas plus de titres. Si de fort savants auteurs leur ont donné cette qualité, c'est qu'ils ont été induits en erreur par une importante charte du Cartulaire de Sauxillanges [2], dans laquelle le comte Alfred donne à ce monastère divers biens situés *apud Lemovicas*. Mais M. Houzé, dans les excellentes notes géographiques qu'il a ajoutées à ce Cartulaire, a fort bien montré qu'il s'agit non de la ville de Limoges, mais d'un petit village du même nom, situé dans la commune d'Aix-la-Fayette, à deux ou trois lieues de Sauxillanges [3].

Il n'y a donc aucun document, qui autorise à ranger les Comtes d'Auvergne parmi les possesseurs du Limousin, ou à dire que les ducs d'Aquitaine ont tous été Comtes de Limoges depuis 893. Il n'y a donc aucun motif pour donner ce titre aux Comtes de Poitiers de 861 à 893.

## IV.

On hésitera d'autant moins à rayer de la liste des Comtes de Limoges les comtes Ranulfe I, Bernard [4], Ranulfe II de Poitiers, Guillaume le Pieux, Guillaume le Jeune, Alfred d'Auvergne, que plusieurs de leurs contemporains ont à ce titre des droits bien plus sérieux.

---

[1] Il existe un autre acte, qui a pu induire en erreur quelques personnes. C'est une donation à l'abbaye de Saint-Denys, faite par Charles le Simple, à la requête du duc Guillaume (Doublet, *Hist. de Saint-Denis*, p. 813). La terre qui fait l'objet de la donation est sise au lieu de *Patriacum, in pago Limosino*. Doublet y a vu Patri en Limousin, Mabillon (*Ann. bénéd.*, t. III, p. 299) et dom Vaissete (*Hist. du Lang.*, t. I, p. 722) un lieu du diocèse de Narbonne, dans le pays de Limoux que Guillaume avait dans ses possessions.

[2] *Cart. de Sauxillanges*, ch. I.

[3] Ibid., p. 659.

[4] Postérieurement au travail de M. Deloche, M. Mabille, dans ses *Notes sur l'Hist. du Languedoc*, a prouvé que ce Bernard n'était pas comte de Poitiers (t. II, *Notes*, p. 304).

On a vu plus haut que ce titre devait être donné aux Comtes de Toulouse Raymond, Bernard et Eudes. Ce dernier ne mourut qu'en 918 ; il est probable qu'il garda le Limousin jusqu'à sa mort.

Peu après cette date, on trouve pour la première fois le Limousin aux mains d'un comte de Poitiers, Ebles, fils naturel et successeur de Ranulfe II. Comment ce changement de maîtres s'est-il effectué ? à quelles causes doit-on l'attribuer ? Nous devons renoncer à l'expliquer ; ceux qui veulent que le Limousin ait appartenu aux Comtes d'Auvergne ont ici beau jeu. Ebles de Poitiers est devenu Comte de Limoges, disent-ils, parce qu'étant proche parent d'Alfred comte d'Auvergne, qui mourut en 928, sans enfants, il hérita à la fois du duché d'Aquitaine et des comtés d'Auvergne et de Limoges [1]. Mais il resterait alors à expliquer comment le Limousin est tombé aux mains des Comtes d'Auvergne, ce qui serait tout aussi difficile. D'ailleurs, nous allons voir qu'Ebles a dû être Comte de Limoges avant 928, c'est-à-dire avant la mort d'Alfred.

Il nous reste la notice d'un plaid du 26 avril 927, dans lequel il restitua à l'abbaye de Saint-Maixent certains biens usurpés par des particuliers dans les environs de Melle. Parmi les *optimates* qui assistent le comte de Poitiers, se trouve un *Hildegarius vicecomes* [2] qui paraît être le Vicomte de Limoges, qui vivait à la même époque. Si le Limousin appartenait aux comtes de Poitiers, rien de plus naturel que de voir un Vicomte de Limoges figurer à leur tribunal ; s'il ne leur appartenait pas, on ne peut comprendre à quel titre il y siégeait.

Voici un autre fait encore plus concluant : en 930, le roi Raoul, désirant réformer l'abbaye de Tulle, l'affranchit de l'autorité de l'abbaye de Saint-Savin, à laquelle il l'avait soumise

---

[1] M. Mabille, dans ses savantes notes sur dom Vaissete, semble admettre cette succession, quoiqu'il n'ait pas donné à Guillaume le Pieux le titre de Comte de Limoges. Mais M. Mabille n'a fait que suivre sur ce point l'*Art de vérifier les dates*, où on lit « qu'Ebles, comte de Poitiers, » fut gratifié, suivant Adémar de Chabannes, des comtés d'Auvergne et » de Limousin, et du duché d'Aquitaine, par le roi Charles le Simple. » Or la citation est inexacte. Voici le passage d'Adémar de Chabannes : « Tunc » Ademarus comes Pictavensis defunctus est..... Guillelmus quoque dux » Arvernis mortuus est, et filius Ramnulfi, Eblus, Arvernis et Pictavis » simul comes promotus est. » (Labbe, *Nova Bibl. mss.*, t. II, p. 165. — Pertz, *SS.*, t. IV, p. 125.) Comme on le voit, il n'est pas question du Limousin, non plus que dans le texte de l'interpolateur.

[2] *Collect. Moreau*, à la Bibl. nat., t. V, p. 40.

jadis, « suggerente Ebalo comite [1]. » Pour qu'Eble se soit occupé d'un monastère aussi éloigné du Poitou, il faut qu'à cette époque il ait été déjà comte du Limousin; or, d'après Baluze, l'abbaye de Tulle fut soumise à celle de Saint-Savin en 923, c'est-à-dire cinq ans avant qu'Ebles héritât du comte d'Auvergne [2].

Enfin, il existe un acte qui permettrait peut-être de reculer plus encore la date de l'avénement d'Ebles au Comté de Limoges : c'est un jugement, rendu par ce prince en 904 en faveur de l'abbaye de Nouaillé, contre un *Aldebertus Lemovicensis* [3]. Mais ce document est peu probant, le comte Ebles pouvant être compétent, sans qu'Aldebert fût son justiciable, en vertu des nouvelles règles de procédure, qui devinrent en usage à cette époque.

Il faut donc simplement dire que le Comté de Limoges passa, vers le commencement du IXe siècle, des comtes de Toulouse aux comtes de Poitiers. Comment ? on l'ignore. Mais on a bien des exemples analogues, et, sans sortir de l'histoire de ces comtes, ne voit-on pas en 932 le roi Raoul enlever à Ebles les titres de duc d'Aquitaine et de comte d'Auvergne, pour les donner à Raymond Pons, comte de Toulouse, et, en 951, le roi Louis d'Outre-mer les rendre à Guillaume, héritier d'Ebles, au détriment des héritiers de Raymond Pons ? Nous pensons donc qu'à la mort de Eudes en 918, quelque chose d'analogue aura eu lieu.

Ebles mourut en 935 [4]. Son successeur à Poitiers et à Limoges fut Guillaume Tête-d'Étoupe. Le Limousin demeura toujours, depuis lors, sous la suzeraineté des comtes de Poitiers [5],

---

[1] Baluze, *Hist. Tutel.*, app., coll. 325.

[2] Ibid., p. 25.

[3] Bibl. nat., Coll. Moreau, t. III, f° 188.

[4] Mabille, *Hist. du Lang.*, t. II, *Notes*, p. 308. En 932, au plus tard, d'après l'*Art de vérifier les dates*.

[5] Voici quelques faits qui prouvent que cette suzeraineté fut reconnue pendant tout le XIe siècle.

En 1020, le duc Guillaume réunit à Saint-Junien une assemblée de clercs et de laïques pour l'élection d'un évêque de Limoges. Ayant accompagné à Limoges le nouvel évêque Jourdain de Léron, il fut reçu en grande pompe par les moines de Saint-Martial, « sicut semper ab eis solet » dux accipi. » (*Adem. Caban.*, lib. III, cap. 47.)

En 1025, à la mort du Vicomte Guy, le même duc lui donna pour successeur son fils Adémar : « Intercedente Willelmo, comite Egolismensi, » præfecit Lemovicæ vicecomitem Ademarum in loco defuncti patris » sui. » (*Adem. Caban.*, lib. III, cap. 62.)

A la fin du XIe siècle, le duc Guillaume VI nomma l'abbé Aymard à dont la chronologie n'offre pas de difficultés sérieuses. L'histoire des Comtes de Limoges n'a plus, à partir de cette époque, qu'un intérêt secondaire ; elle disparaît dans le cadre plus large de l'histoire des ducs d'Aquitaine. D'ailleurs, un nouveau pouvoir est venu supplanter en grande partie le leur : c'est celui des Vicomtes de Limoges. Nous laisserons donc de côté dorénavant les Comtes de Limoges, pour ne plus parler que des Vicomtes.

---

Saint-Martial de Limoges (*Chron. Novi Monast.* — *Hist. de la France*, t. XI, p. 119-120).

On pourrait citer bien d'autres faits, mais ceux-là paraissent concluants.

DEUXIÈME PARTIE.

---

# LES VICOMTES.

## CHAPITRE V.

I. Des vicomtes en général. — Diverses opinions sur leur origine. — II. Ils ne sont pas la même chose que les vicaires. — III. Le vicomte a la même origine que le *missus comitis*. — Fonctions du *missus* et du vicomte. — Il diffère du *vicedominus*. — IV. Epoque de l'apparition des vicomtes.

### I.

En voyant apparaître cette dignité nouvelle en Limousin, comme dans le reste de la France, il peut être de quelque intérêt de rechercher ce qu'étaient les vicomtes en général, dans quel temps et dans quel pays ils ont pris naissance.

Du Cange définit le vicomte « *vicarius comitis, qui vices comitis agit.* » Cette définition est par trop succincte ; elle donne pourtant une idée assez exacte des fonctions du vicomte. Les fonctions du vicomte étaient en effet les mêmes que celles du comte, mais il ne les exerçait qu'en vertu d'une délégation spéciale et dans les cas où le comte ne pouvait agir lui-même. Cette similitude d'attributions nous explique comment les vicomtes qui se sont rendus indépendants au xe siècle, entre autres ceux de Limoges, ont pu devenir aussi puissants que bien des comtes; mais cela ne nous apprend pas leur origine.

Le premier auteur qui ait abordé cette question est le savant Marca. D'après lui les vicomtes ne sont autre chose que ces vicaires des comtes que l'on voit figurer dans les lois salique, lombarde, etc. Il suppose qu'il y avait deux sortes de vicaires : les vicaires généraux, qui administraient tout un comté, et qui ont donné naissance aux grandes vicomtés, et les vicaires des bourgades, dont parlent Grégoire de Tours et Walafrid Strabon, qui parfois aussi avaient le nom de vicomtes et ont été l'origine des vicomtes ne possédant que des fractions d'un ancien comté [1].

Dom Vaissete a adopté à peu près la même manière de voir [2]. D'autres, tout en reconnaissant la similitude d'attributions des vicomtes et des vicaires, font une légère distinction. Ils pensent que le vicomte exerçait ses fonctions dans tout le comté, tandis que le vicaire ne les exerçait que dans des circonscriptions déterminées [3].

La première de ces opinions est la plus en faveur aujourd'hui, surtout en Allemagne, où elle a eu M. Waitz pour défenseur [4]. Elle semble cependant peu d'accord avec les textes. Le

---

[1] *Hist. du Béarn*, p. 260 et suiv. — *Marca Hispan.*, p. 254 et suiv.

[2] « Parmi les vicaires des comtes, dit dom Vaissete, il y en avait un » principal, qui étoit comme son lieutenant général, et qu'on appela » d'abord Vidame, *Vicedominus*, et ensuite Vicomte, *Vicecomes*. Ce vicaire » tenoit la place du comte dans toute l'étendue du comté. Les autres » vicaires étendoient leur jurisdiction chacun sur une partie du comté » ou diocèse. On donna aussi quelquefois à ceux-ci dans la suite le nom » de vicomte. » (*Hist. du Lang.*, t. I, p. 437.)

[3] Telle paraît être l'opinion en France de Du Cange (*Glossar.*, v° Vicecomes), en Allemagne de Walter, *Deutsche Rechtsgeschichte*, de Hillebrand, *Deutsche Staats-und-Rechtsgeschichte*, etc... M. Schäffner paraît l'admettre, mais seulement comme une hypothèse plausible (*Geschichte der Rechtsverfassung Frankreichs*, t. I, p. 165).

[4] D'après cet auteur on ne pourrait, dans le principe, trouver aucune différence entre le Vicomte et le Vicaire, sauf peut-être que le premier était un vicaire préposé à tout le comté, « etwa in der Weise, wie man » gemeint hat, dass der Vicegraf der Vertreter des Grafen, für den » ganzen Umfang der Grafschaft, und in den recht eigentlich ihm zustehenden Angelegenheiten, der vicar sein Unterbeamter in den einzelnen » Bezirken gewesen sei. » (*Deutsche Verfassungsgeschichte*, t. III, p. 336.) Cette opinion avait déjà été soutenue par Savigny. Le comte aurait eu,

principal argument que l'on ait invoqué pour supposer l'existence de ces deux classes de vicaires est un passage de Grégoire de Tours où il est parlé du vicaire Animodus, « qui *pagum* Turo» nensem judiciaria regebat potestate [1]. » Le mot *pagus* a fait croire que Animodus gouvernait toute la cité. Mais ce mot a deux sens, et, s'il est vrai que Grégoire de Tours l'emploie souvent comme synonyme de *civitas*, il est également incontestable qu'il signifie aussi souvent, plus peut-être, une division de la cité, un canton, une vicairie. Un autre passage du même auteur prouve que la Touraine était divisée en plusieurs *pagi*. C'était l'un d'eux que gouvernait Animodus [2]. On ne peut donc, sur un texte aussi peu concluant [3], établir une distinction qui s'accorde difficilement avec une foule de faits.

Vaut-il mieux, conformément à la seconde opinion, n'admettre qu'une seule classe de vicaires et y assimiler les vicomtes? Nous ne le croyons pas, et nous dirons pourquoi tout à l'heure.

## II.

Cette question serait vite tranchée si l'on admettait certaines idées qui se sont tout récemment produites en Allemagne au sujet du vicaire. Un érudit déjà connu par d'importants travaux

---

suivant lui, à côté de son principal représentant, le centenier ou tunginus, d'autres représentants d'un ordre moins bien déterminé, dont la juridiction se serait étendue tantôt sur tout le comté, tantôt sur un territoire spécial. Leur nom habituel en France aurait été celui de vicaire, ou celui de vicomte que l'on trouve dans les diplômes royaux, plus rarement, mais avec la même signification : « Der gewöhnlichste Name » in Frankreich ist Vicarius, und mit diesem Namen, kommen sie stets » in den Königlichen Diplomen neben den Herzogen, Grafen u. s. w. » vor. Auch Vicecomes kommt vor, gewiss in derselben Bedeutung, aber » weit seltener... » (*Geschichte des Römischen Rechts im Mittelalter*, t. I, p. 274.)

[1] *Hist. Franc.*, lib. X, cap. 5.

[2] *Gloria confess.*, cap. 17.

[3] Bignon, qui défend cette opinion dans ses notes sur Marculfe, s'appuie sur un autre texte encore moins probant de l'*Hist. des Francs* (lib. VII, cap. 23), où il est question d'Injuriosus, vicaire de Tours. Mais ce passage prouve seulement que, malgré la présence du comte, le chef-lieu de la

sur le droit barbare, M. Sohm, a cherché à établir que le vicaire était tout autre chose que ce que l'on a cru jusqu'ici [1]. Ordinairement on oppose le vicaire au centenier, on le regarde comme un représentant personnel du comte ; M. Sohm, au contraire, assimile complétement le vicaire et le centenier, la vicairie et la centaine. Pour lui ce sont deux noms différents pour une même chose, ce qu'il appelle une « tautologie [2]. » Or le centenier ou vicaire n'est pas un juge, ce n'est pas un représentant du comte, c'est un simple subalterne [3]. Le vicomte, au contraire, est un représentant du comte, et par suite un juge. Aussi le voit-on siéger dans les jugements comme juge, tandis que le vicaire n'y figure que comme assistant [4].

M. Sohm distingue donc complétement le vicomte du vicaire. En revanche il l'assimile à un autre officier du comte, que l'on a fort peu étudié jusqu'ici, le *missus comitis*.

Nous ne pouvons entrer dans l'examen des théories de M. Sohm sur les vicaires et les centeniers ; nous laisserons à d'autres plus autorisés que nous le soin de les apprécier. Mais, pour des motifs différents des siens, nous n'hésitons pas à nous rallier à sa conclusion et à proclamer, comme nous l'avons déjà fait ailleurs [5], l'identité du vicomte et du *missus comitis*, la différence complète entre le vicomte et le vicaire.

---

cité était le siége d'une vicairie. Le même fait se rencontre fréquemment, notamment en Limousin. (Deloche, *Cart. de Beaul.*)— Voir Bignon, *Marculf. mon. form. vet.* (Paris, 1666), p. 336.

[1] *Die altdeutsche Reichs-und-Gerichtsverfassung.* (2 vol. in-8°, Weimar, 1872.) Voir dans le 1er vol. les chapitres intitulés *Der Schultheiss* et *Der Vicecomes.*

[2] « Vicarii und centenarii sind die nämlichen Beamten..... Die Aufführung der Centenare und Vicare neben einander ist eine Tautologie. » (T. I, p. 215.)

[3] « Die Grafschaftsverfassung kennt unter dem Grafenamt nur ein einziges ordentliches Amt, das Schultheissenamt : es giebt dem Grafen einen Subaltern, nicht einen Stellvertreter. » Ce subalterne, ce *Schultheiss*, est le centenier ou vicaire (*ibid.*, p. 509).

[4] « Die Entscheidung giebt..... vor allem die unmissverständliche Thatsache, das nach urkundlichen Zeugnissen der Vicecomes *Richter*, und neben ihm der Vicarius Beisitzer ist. » (*Ibid.*, p. 517.)

[5] Nous avons déjà soutenu cette opinion dans notre Thèse de sortie de l'Ecole des Chartes. Nous ne connaissions pas alors le travail de M. Sohm, dont nous devons loyalement reconnaître l'antériorité. Quoique les arguments employés par M. Sohm soient certainement plus convaincants que les nôtres, nous nous en sommes tenu à ceux que nous avions déjà présentés dans notre Thèse, ne voulant ni endosser sans examen les opinions d'autrui, ni entrer dans des discussions qui nous auraient entraîné trop loin.

Ce qui prouve pour nous, indépendamment des arguments de M. Sohm, que le vicaire et le vicomte sont deux officiers de nature distincte, c'est que dans les chartes on trouve continuellement côte à côte des individus portant le titre de vicomte; d'autres, celui de vicaire [1];

C'est que, dans les énumérations officielles que contiennent si souvent les actes émanés des rois, les vicomtes figurent toujours avant les vicaires [2];

C'est que, lorsque par hasard les deux titres sont réunis sur la même tête, on les mentionne tous les deux avec un soin qui prouve que les deux titres représentent deux fonctions différentes, et que leur réunion chez le même individu était rare [3];

Enfin c'est que l'on voit perpétuellement des plaids présidés par un vicomte, avec l'assistance d'un ou plusieurs vicaires; tandis que l'inverse n'a jamais lieu [4].

On doit donc conclure, non pas qu'un vicaire n'a jamais pu devenir vicomte, mais que la fonction de vicaire est de tout autre nature que celle de vicomte.

## III.

On trouve au contraire dans les textes un officier dont les attributions ont la plus parfaite analogie avec celles du vicomte: c'est le *missus* du comte. Bien plus, de nombreux textes af-

---

[1] Le fait se présente dans une foule de jugements, notamment dans ceux que nous publions plus loin comme pièces justificatives.

[2] « Ut nullus comes nec vicecomes, nec vicarius, nec centenarius, » dans un diplôme de Charlemagne (D. Bouq., t. V, p. 774). C'est la plus ancienne mention authentique d'un vicomte. — « Id est comitis, aut » Vicecomitis, aut Vicarii, » dans le Capitulaire *pro Hispanis* de 844 (Baluze, t. II, col, 27). Voir les autres exemples rapportés par M. Sohm (p. 517, note 28).

[3] Vaiss., *Hist. du Lang.*, t. II, pr., p. 71 : « Raino Vicecomes et Vicarius. » Son nom est répété six fois dans le même acte, toutes les fois avec la mention « Vicecomes et Vicarius, » ce qui montre une intention particulière.

[4] Si parfois on trouve des plaids présidés par des Vicaires, c'est, ainsi que l'a dit M. Sohm, parce qu'ils ont été délégués comme missi du comte.

firment de la manière la plus absolue l'identité de signification du terme de *vicecomes* et de celui de *missus comitis* [1].

Voyons donc ce qu'était le missus du comte. Originairement c'était un fondé de pouvoir, auquel, par une délégation spéciale, le comte confiait le soin de le représenter dans un acte déterminé de sa compétence [2]; parfois même c'était un simple messager à la place duquel le comte pouvait envoyer une lettre [3]. Ainsi, primitivement, le missus n'avait aucune position particulière dans la hiérarchie administrative et pouvait être chargé des missions les plus diverses.

Mais de bonne heure le comte a eu un missus chargé de le représenter non plus pour une affaire spéciale, mais pour toutes celles en général qui rentraient dans sa juridiction. C'est à l'époque carlovingienne [4] surtout que cette fonction semble s'être régularisée. C'est du moins à cette époque qu'on voit le missus remplacer fréquemment le comte dans l'exercice de la justice, que les capitulaires lui reconnaissent une place fixe dans la hiérarchie administrative [5], et qu'ils lui attribuent la connais-

---

[1] A° 863. Jugement devant l'archevêque de Vienne et « Erluinus Vice- » comes, missus illustris Bosonis Comitis... » (D'Achery, *Spicil.*, t. XII, p. 154).— A° 950. Jugement devant « Walterius Vicecomes, missus domini » Leotaldi comitis » (*Cart. de Saint-Vincent de Mâcon*, n° 186). Dans Pérard on trouve en 815 un Blitgarius missus du comte Théodoric (n° 16, p. 34), et en 818, le même Blitgarius appelé Vicecomes (n° 19, p. 36).

[2] Par exemple, pour recevoir un serment (*Edict. Pist.*, cap. 32); pour convoquer les parties au tribunal du comte (*Lex Chamav.*, cap. 43), pour publier le ban lors de la réunion d'une armée (*Edict. Pist.*, cap. 6), pour faire des sommations aux vassaux du roi (*Cap. Carlom.*, A° 882, cap. 2; Baluze, t. II, c. 289, — ou 884 d'après Pertz, *Leges*, t. I, p. 553).

[3] « Dirigat illum comes aut per missum suum aut per epistolam suam » ad ipsum pontificem » (*Cap. Pipp.*, A° 782-792, c. 6. — Pertz, t. I, p. 43).

[4] M. Sohm trouve ce Missus dans un passage de l'édit de Gontran de 585 qui recommande aux comtes de ne pas oser « vicarios aut quoscum- » que *de latere suo* per regionem sibi commissam instituere qui... malis » operibus consentiendo venalitatem exerceant.... » (Pertz, t. I, p. 4). Mais on doit plus probablement voir là le missus délégué pour une affaire spéciale, qu'un représentant ordinaire du comte. — Ce missus ordinaire semble apparaître pour la première fois dans la loi des Allamans : « Ut » conventus secundum consuetudinem antiquam fiat in omne centena » coram comite aut suo misso et coram centenario. » (Edict. Hloth. cap. 36, § 1. — Pertz, *Leges*, t. III, p. 56.)

[5] M. Waitz a avancé que dans les Capitulaires le Missus du Comte est simplement un personnage envoyé régulièrement à l'empereur (*Deutsche Verfassungsgeschichte*, t. III, p. 338, note 4). C'est une erreur; il y figure à bien d'autres titres. Par exemple, les ventes d'esclaves doivent se faire devant lui : « Nemo præsumat hominem vendere nisi in præsentia comi- » tum aut missorum illius » (*Cap. Pipp.*, A° 801; — Pertz, t. III, p. 63), et son rôle judiciaire y est si bien reconnu que Louis le Pieux recom-

sance des causes réservées aux comtes [1]. Le missus devient si bien un officier régulier qu'il peut à son tour se faire remplacer par un délégué particulier, et l'on trouve des plaids présidés par un missus du missus [2]. Aussi, lorsque Walafrid Strabon fait, dans un passage bien connu, un parallèle entre la hiérarchie ecclésiastique et la hiérarchie civile, a-t-il soin de placer dans celle-ci le missus; il le fait figurer après le comte, avant le centenier et le vicaire [3].

Voilà ce qu'était le missus du comte. Si on le compare au vicomte, on est frappé de l'extrême analogie qui règne entre les deux fonctions.

Ainsi le missus est choisi par le comte [4], et c'est de même le comte qui nomme le vicomte [5].

Généralement les comtes n'ont qu'un seul missus et qu'un seul vicomte [6]; mais, de même qu'ils ont pu parfois avoir plu-

---

mande à ses Missi Dominici d'examiner « quales ministros habeat [comes] » ad populum regendum vel *missos*, utrum juste in ipsis ministeriis » agant, aut consentiente vel neglegente comite a veritate et justitia » declinent. » (*Cap. Aquisgr.*, A° 828. — Pertz, t. I, p. 329.)

[1] « Si quis furem vel latronem comprehenderit.... neque illum ad » præsentiam Ducis aut Comitis vel loci Servatoris, qui Missus Comitis » est, non adduxerit.... » (*Cap. Kar. M.*, A° 801. — Bal., t. I, col. 348.)

[2] Dom Vaissete, *Hist. du Lang.*, t. I, p. 114 : « Ante Wandurico misso » Imberto qui est missus Anafredo comite. »

[3] « Porro sicut Comites quidam Missos suos præponunt popularibus, » qui minores causas determinent, ipsis majora reservent, ita quidam » Episcopi Chorepiscopos habent, qui in rebus sibi congruentibus, quæ » injunguntur efficiunt. Centenarii qui et Centuriones et Vicarii, qui per » pagos statuti sunt, Presbyteris Plebeii, qui baptismales ecclesias tenent » et minoribus præsunt ecclesiis, conferri quæunt. » (*De Reb. eccles.*, cap. 31.)

[4] C'est ce que montrent le passage de Walafrid Strabon et les deux lettres d'Agobard, archevêque de Lyon, sur le missus du comte Bertmundus. (Bouq., t. VI, p. 360 et 364.)

[5] C'est un fait tellement constant qu'il n'est guère utile d'en donner des exemples. Nous citerons seulement la création des vicomtes de Marcillac, par le comte d'Angoulême (Adem. Cab., t. III, c. 20), et celle des Vicomtes de Limoges par les comtes de Toulouse, dont on aura la preuve dans la suite de ce travail. Cette règle paraît avoir souffert de rares exceptions. Ainsi, dans un acte publié par Neugart (*Codex diplom. Alem. et Burg. Transj.*, t. I, n° 801), on trouve un Adalaho, « missus Attonis » comitis, in vice ejusdem comitis a parte palacii missi. » M. Sohm cite aussi la création des Vicomtes de Limoges et de Bourges par le roi Eudes; mais on verra plus loin que ces deux derniers exemples sont erronés.

[6] Les lettres d'Agobard en donnent la preuve pour le missus, ainsi que l'emploi général du singulier dans les textes où il est parlé du missus : « una cum misso de comite » (Cap. de 782, c. 9. — Pertz, *Leges*, t. I, p. 43). — « Mittat unusquisque comes missum suum... » (*Edict. Pist.*, c. 32). — « Qui si comitem aut missum illius audire noluerit » (Cap.

sieurs missi, de même on trouve exceptionnellement plusieurs vicomtes dans le même comté [1]. Le missus exerce généralement son pouvoir sur tout le comté [2]. Il en est de même du vicomte, qui prend généralement le nom du chef-lieu du comté. Cependant, à l'époque de Walafrid Strabon, nous voyons dans certains comtés fonctionner à la fois plusieurs missi, et nous trouvons à la même époque quelques comtés partagés entre plusieurs vicomtes [3].

En résumé, le vicomte est la même chose que le missus du comte. Entre eux il n'y a qu'une différence de nom.

En France, à partir du second quart du IXe siècle, le missus a plus généralement porté le nom de vicomte. Il a eu aussi d'autres noms, par exemple ceux de *loco positus* ou de *loci servator* [4]. Beaucoup d'auteurs ont voulu que le mot *vicedominus* ait aussi été employé dans ce sens, et M. Sohm cite plusieurs textes à l'appui de cette opinion. Mais nous croyons que le mot *vicedominus* n'a jamais désigné qu'un officier ecclésiastique bien connu, le vidame.

L'idée de cette assimilation du *Vicecomes* et du *Vicedominus* est déjà ancienne : elle remonte au moins au P. Lecointe, qui

---

A° 882. — Bal., t. II, c. 289). — Pour les vicomtes la chose est encore plus certaine. Dans la plupart des grands comtés du midi de la France, à Béziers, à Nîmes, à Narbonne, il n'y a eu primitivement qu'un seul vicomte. La seconde lettre d'Agobard (Bouquet, t. VI, p. 364) prouve qu'il n'y en avait qu'un à Lyon. Voir aussi les citations de M. Sohm (p. 513 et 520).

[1] Dans un plaid tenu à Narbonne en 862, il y a deux Missi (*Hist. du Lang.*, t. I, pr., col. 113) : « In judicio Imberto misso Ananfredo comite, » seu Adaulfo judices, qui missi sunt causas dirimere... » Mais Ananfredus seul paraît être un vrai *missus*. Les exemples de deux vicomtes sont plus nombreux, ce qui tient à ce que, la dignité de vicomte étant devenue héréditaire dès la fin du IXe siècle, le titre a pu être porté par plusieurs membres de la même famille : c'est le cas dans ce jugement rendu à Brive, en Limousin, que M. Sohm cite d'après Baluze (*Hist. Tutel.*, col. 348).

[2] Les lettres déjà citées d'Agobard le prouvent suffisamment.

[3] M. Sohm cite, d'après Baluze, la division du Limousin en plusieurs vicomtés en 887. L'exemple est mauvais, comme on le verra plus loin; il est probable que la plupart des vicomtes du Limousin n'ont pas été créés en même temps. Peut-être vaut-il mieux donner comme exemple le Poitou, où l'on trouve les vicomtes de Thouars, de Savigny, de Châtellerault, de Melle, mais rien ne prouve qu'ils aient été établis simultanément, ce qui serait un fait très-exceptionnel.

[4] Thegan, ap. Bouq., t. VI, p. 75.— « Loci Servatoris, qui Missus Comitis » est. » (*Cap. Kar. M.*, A° 801.— Baluze, t. I, col. 348.) C'est principalement en Italie que ces termes étaient employés. (Muratori, *Antiq. Ital.*, t. II, p. 971; t. III, p. 168, 1015; t. V, p. 311.)

croyait pouvoir la justifier par ce passage d'un capitulaire de l'an 779 : « De mancipiis quæ venduntur, ut in præsentia » episcopi, vel comitis sit, aut in præsentia archidiaconi, » aut centenarii, aut in præsentia vicedomini, aut judicis » comitis..... [1] » Ce capitulaire ordonne que les ventes d'esclaves soient toujours faites devant un représentant de l'autorité religieuse, l'évêque, l'archidiacre, ou le vidame, ou du pouvoir civil, le comte, le centenier ou le judex. Il y a une correspondance manifeste entre la hiérarchie civile et la hiérarchie ecclésiastique, correspondance qui est détruite, si on fait du vidame un officier civil.

Dom Vaissete a repris cette même opinion. Il s'appuie sur un jugement du marquis de Gothie en faveur de l'abbaye de Caunes, auquel assistaient Alaric et Francon *uterque Vicedomini* [2]. Ayant cru reconnaître que les vicomtes de Narbonne descendaient de ce Francon, il en a conclu que lui aussi était vicomte et a compris en ce sens les mots *uterque Vicedomini* qu'on lit dans ce jugement. Mais la généalogie des vicomtes de Narbonne, dressée par dom Vaissete, ne semble pas admissible, et, fût-elle exacte, on ne pourrait conclure de ce que les fils ont été vicomtes que le père l'a été aussi.

On pourrait trouver un argument bien plus sérieux dans deux titres de l'église de Girone, où le même personnage est qualifié successivement de vidame et de vicomte, le même jour et dans la même affaire [3]. Mais ici l'on doit probablement voir une faute de copiste ; car dans le premier de ces deux actes, le mot *Vicedominus* revient à plusieurs reprises, tandis que, dans le second, le mot *Vicecomes* n'apparaît qu'une fois. Or ce second acte est rempli de fautes, les noms propres sont mal copiés, plusieurs sont omis, tout enfin dénote qu'il a été écrit par un scribe inattentif, fort capable d'ignorer les titres des personnages dont il ne savait pas écrire les noms [4].

Si l'on rejette l'argument fourni par ces deux chartes, on peut dire que tous les autres textes que l'on a apportés à l'appui n'ont

---

[1] Baluze, *Capit.*, t. I, p. 193. — Lecointe, *Ann. Eccles.*, ad. ann. 779, § 21.

[2] *Hist. du Lang.*, t, I, pr., col. 99.

[3] *Marca Hispan.*, col. 779 et 780.

[4] Si l'on repoussait cette explication si plausible, on devrait admettre que le même personnage a pu exceptionnellement être à la fois vidame et vicomte, représentant à la fois de l'évêque et du comte ; mais cela ne suffirait pas pour identifier deux fonctions, dont une foule de textes établissent la différence.

aucune valeur. M. Sohm en a cité plusieurs dans lesquels on voit un *Vicedominus* présider un plaid comme pourrait le faire un vicomte[1]; mais dans tous ces exemples, une des parties est ecclésiastique, ce qui explique tout naturellement la présence d'un officier d'ordre ecclésiastique. On voit de même figurer des évêques dans bien des procès où des clercs sont partie intéressée, sans qu'on ait pour cela jamais songé à confondre les évêques et les comtes[2].

Nous croyons donc, en attendant des preuves plus concluantes, que le terme de *Vicedominus* n'a jamais été employé pour désigner le vicomte.

## IV.

Il nous reste à voir vers quelle époque apparaissent les premiers vicomtes.

Quoi qu'en aient dit certains auteurs[3], il n'y a pas une seule mention authentique de vicomtes sous les Mérovingiens.

On les trouve mentionnés pour la première fois dans la dernière rédaction de la loi lombarde[4], mais le mot n'étant pas dans

---

[1] Par exemple, un plaid de 802 (Vaiss., t. I, pr., col. 30) où figure Cixilianus, vidame de Narbonne; mais le demandeur est l'abbé de Caunes, — un autre plaid de 821, devant le vidame Agilbert. L'abbaye de Caunes y est encore partie plaidante (*ibid.*, col. 55). — C'est encore le même cas dans le plaid tenu en 852 par le marquis de Gothie, assisté des deux vidames Alaric et Francon (*ibid.*, col. 99).

[2] *Hist. du Lang.*, t. II, pr., col. 56, 69, etc.

[3] M. Schäffner, dans sa *Geschichte der Rechtsverfassung Frankreichs bis auf Hugo Capet*, t. I, p. 165, cite deux mentions de vicomtes dans des diplômes mérovingiens. Il aurait dû savoir que la critique a depuis longtemps fait justice de ces documents archifaux. (Pardessus, *Diplom.*, t. I, p. 58 et 59). On a voulu voir un vicomte d'Orléans dans saint Agilus qui vivait au VIe siècle. Mais sa *Vie*, seul document qui lui donne ce titre, a été probablement rédigée longtemps après sa mort. (*Acta SS.* Aug., t. VI, p. 566.)

[4] Lib. II, tit. 30, § 2, et tit. 39, § 4. Le premier passage est un fragment de capitulaire de 779, où, au lieu de *Vicecomitis*, on doit lire *judicis comitis*, leçon conservée par quatre manuscrits. Dans le second il faut, au lieu de *Vicecomitis*, le mot *Vicedomini*, comme on le voit dans trois manuscrits.

les meilleurs manuscrits, il y a tout lieu de croire à une interpolation.

On a voulu en voir sous Charlemagne ; mais la plupart des textes que l'on a fournis à l'appui sont faciles à réfuter. Tels sont :

Un diplôme pour l'abbaye de Montjoux que le P. Lecointe rapporte à l'an 790 [1], et que Mabillon et dom Vaissete [2] sont d'accord pour attribuer à Charles le Chauve ;

Un acte de 803 tiré des archives de Saint-Hilaire de Carcassonne, que Mabillon avoue avoir longtemps hésité à dater [3] et que dom Vaissete attribue avec toute raison à Charles le Gros ;

Un diplôme de Charlemagne sans date, inséré dans la vie de saint Benoît d'Aniane [4]. L'attribution de cet acte ne paraît pas contestable [5], mais c'est une copie mutilée, et rien ne garantit que le copiste n'a pas substitué le mot *Vicecomes* au mot *Vicarius*.

Toutefois Ruinart a publié dans la réédition du *De re diplomatica* [6], avec la mention *ex originali* [7], un diplôme de Charlemagne de l'an 774 dans lequel on lit les mots : « Ut nullus » comes, vel *vicecomes*, vel vicarius. » L'acte est d'une authenticité parfaite, et son attribution à Charlemagne n'est pas douteuse. On ne peut donc contester le mot *vicecomes*, si Ruinart a réellement vu l'original. Cette mention est antérieure d'une trentaine d'années à toutes celles que l'on connaît jusqu'ici. Mais si elle est surprenante, elle n'est pas inadmissible, car il y avait à cette époque bon nombre de *missi* qui étaient de véritables vicomtes.

A partir de Louis le Débonnaire, les mentions de vicomtes

---

[1] *Annal. Eccl. Franc.*, ad ann. 790, n° 2.

[2] *Annal. Bened.*, t. III, p. 88. — *Hist. du Lang.*, t. I, p. 692.

[3] *De Re diplom.*, p. 505, f. — *Hist. du Lang.*, ibid.

[4] *Acta SS. Ord. S. Ben.* sæc. IV, part. I, p. 202. — Ce diplôme est le même que Waitz rapporte à l'an 818, d'après Bréquigny (qui ne le mentionne pas à l'endroit indiqué). Mabillon le rapporte à la 19e année de Charlemagne.

[5] Pourtant dans quelques copies on lit comme souscripteur « Bartholo- » mæus ad vicem Hludovici. » Or Hludovicus était chancelier de Charles le Chauve.

[6] *De Re diplom.*, p. 645.

[7] Une petite particularité dans la date permet de douter de l'exactitude de cette mention. Il a lu : « Datum in mense decembris anno Io » regni nostri. » Or Mabillon (*Ann. Bened.*, t. II, p. 213), qui connaissait plusieurs textes de ce diplôme, nous apprend que dans les meilleurs, « in *sinceris* exemplis, » on lisait « anno VIIo et Io. » Ceci prouverait peut-être que Ruinard n'a pas vu l'original.

commencent à devenir de plus en plus fréquentes. On en trouve à Autun en 815, à Langres en 828 [1], à Elne en 832 [2], en Italie en 841 [3], à Paris en 847 [4], etc. Les exemples deviennent dès lors si nombreux, qu'il n'est plus nécessaire de les relever [5]. Ils permettent de constater que c'est en France, probablement dans le Midi ou dans la vallée du Rhône, que le nom de *Vicecomes* fut d'abord employé. Il fut en usage presque à la même époque dans la marche d'Espagne ; il n'apparut qu'un peu postérieurement en Italie, et ne fut presque pas usité en Allemagne.

On peut comprendre maintenant plus facilement comment quelques vicomtes, en particulier ceux de Limoges, sont arrivés à un haut rang dans la féodalité. Si les vicomtes ont eu plus d'importance que les *missi*, c'est que leur apparition a coïncidé avec le grand mouvement féodal du IXe siècle. Les *missi* étaient des officiers amovibles ; la plupart des vicomtes sont devenus héréditaires presque dès leur apparition. C'est là ce qui leur a permis de se rendre indépendants des comtes, ce qui a fait de plusieurs d'entre eux les égaux, presque les supérieurs de leurs anciens maîtres.

---

[1] Pérard, *Recueil*, p. 37, 17, etc.

[2] *Marca Hisp.*, col. 769. Marca suppose (*ib.*, col. 313) que les vicomtes de Barcelone furent créés en 829 par le comte Bernard. Cette opinion est plausible, mais ne repose sur aucun texte.

[3] *Mon. hist. patr. — Chartæ*, t. I, p. 39.

[4] Mabill., *De Re dipl.*, p. 529.

[5] On peut voir ceux que cite M. Sohm (p. 518, note 34).

# CHAPITRE VI.

I. Date de la création des Vicomtes de Limoges. — II. Le premier Vicomte n'est pas Foucher, mais ALDEBERT. — III. Il a été institué par Eudes, comte de Toulouse et de Limoges.— IV. Le Limousin fut-il partagé entre plusieurs vicomtes?

## I.

Maintenant que nous savons ce qu'étaient les vicomtes, que nous savons sous quelle domination était le Limousin au moment de leur apparition, examinons quand et par qui ont été institués les Vicomtes de Limoges.

Tous les historiens, trompés par un texte attribué à Adémar de Chabannes [1], ont admis qu'en 887, le roi Eudes ayant partagé le Limousin et le Berry entre un certain nombre de vi-

---

[1] « *Defuncto rege Ludovico regnavit pro eo filius ejus Carolus, cognomento Insipiens vel Minor... Tunc Franci conjurantes contra Carolum* » Insipientem *ejiciunt eum de regno et Odonem ducem Aquitaniæ in* » *regno elevaverunt.* Hic Odo fuit filius Raimundi Comitis Lemovicensis, » et primo in Aquitania rex ordinatus est apud Lemovica..... Constituit » in ea urbe Vicecomitem Fulcherium, industrium fabrum in lignis, et » Lemovicinum per Vicecomites ordinavit, similiter et Bituricam, et » secundo anno in Francia rex elevatus est. » (Ap. Labbe, *Nova Bibl. mss.*, t. II, p. 163. — Pertz, *SS.*, t. IV, p. 123.) Nous avons mis en italique le texte primitif d'Adémar. Le reste est l'œuvre de son interpolateur.

comtes, plaça comme tel à Limoges un personnage du nom de Foucher.

Le texte, où ce fait se trouve consigné, fourmille d'erreurs, depuis longtemps reconnues [1], qui auraient dû mettre en garde ceux qui ont cru pouvoir l'invoquer. Il n'est donc pas étonnant qu'en le comparant avec les indications fournies par les trop rares chartes de cette époque qui nous sont parvenues, l'on arrive à des conséquences inadmissibles.

Le premier Vicomte, dit-on, serait Foucher, en 887. Or on trouve dans le Cartulaire de Tulle mention d'un vicomte de ce nom [2]; mais c'est en 948, c'est-à-dire soixante ans après la date indiquée par la chronique.

Baluze, s'appuyant sur des chartes du Cartulaire de la Cathédrale de Limoges [3], donne pour fils à Foucher, Aldebert, et pour petit-fils Hildegaire [4]. Or les dates de ces actes, que Baluze ne paraît pas avoir suffisamment remarquées, sont pour Aldebert 876, pour Hildegaire de 914 à 937 [5]. La première est antérieure de onze ans à la date supposée de la création des Vicomtes, la dernière antérieure de dix ans à la seule mention authentique qu'on ait du prétendu grand-père d'Hildegaire.

Que conclure de cette confusion? que conclure surtout de ce fait, que personne jusqu'ici n'a fait ressortir, et qui cependant est capital dans cette discussion, c'est que toutes ces assertions inconciliables sur les origines de nos Vicomtes ne sont pas dans

---

[1] Voici les principales de ces erreurs :

L'auteur prétend : 1° que Charles le Simple succéda à son père Louis le Bègue; or les successeurs de Louis le Bègue sont Louis III et Carloman;

2° Que les Francs chassèrent Charles le Simple pour le remplacer par Eudes, quand c'est Charles le Gros qui fut déposé et que Eudes remplaça;

3° Que Eudes était duc d'Aquitaine; or c'était Rainulfe II, comte de Poitiers;

4° Que Eudes était fils de Raymond, comte de Limoges, tandis qu'il était fils de Robert le Fort;

5° Qu'il fut couronné à Limoges deux ans avant d'être roi dans la France proprement dite. Or ce sont les gens du Nord qui l'ont nommé, et les Aquitains ne le reconnurent qu'après plusieurs années de guerre.

[2] Baluze, *Hist. Tutel.*, app., col. 369.— Le Cartulaire de l'abbaye de Tulle est aujourd'hui perdu, mais Baluze en a conservé de nombreux extraits dans ses notes (*Arm.* vol. 252).

[3] Une copie de ce Cartulaire nous a été conservée dans les mss. de dom Col. (Bibl. nat., ms. lat. 9193.)

[4] *Hist. Tutel.*, p. 59.

[5] M. Mabille a même publié un acte d'Hildegaire de 884, sur lequel nous reviendrons plus loin. Une copie de cet acte se trouve dans les *Armoires* de Baluze; mais il est probable que Baluze n'en aura eu connaissance qu'après la publication de l'*Histoire de Tulle*.

le texte original d'Adémar, mais dans les remaniements que ce texte a subis au XIIe siècle [1]. Lorsqu'Adémar, qui vivait à une époque beaucoup plus rapprochée, ignorait l'origine de ces Vicomtes, on pourrait presque conclure *a priori* que son interpolateur ne la connaissait pas. A plus forte raison, lorsqu'on voit les erreurs et les contradictions qui accompagnent chaque mot de ce récit, doit-on chercher la vérité non plus dans la tradition qu'il rapporte, mais dans les quelques actes authentiques qui nous ont été conservés?

Tel est le principe qui nous a guidé dans l'étude qui va suivre. Nous avons cherché à rétablir la chronologie des Vicomtes de Limoges à l'aide des chartes seules. Nous n'avons eu recours à la chronique que lorsque les faits qu'elle rapporte peuvent se concilier avec les actes authentiques.

## II.

Nous commencerons par rejeter complètement la date de 887 donnée pour l'établissement des Vicomtes de Limoges. Il est en effet hors de doute qu'il existait en 884 un Vicomte du nom de Hildegaire dont le père avait été Vicomte avant lui. Cela nous est prouvé par deux chartes. Dans la première, Hugues, abbé de Saint-Martin de Tours, concède en précaire à Hildegaire, *Lemovicinorum vicecomes*, et à sa femme Tetberge la villa de *Brugolium* [2]. Dans la seconde, ce même Hildegaire donne à l'église de Limoges, pour le repos de l'âme de son père, le vicomte Aldebert, le lieu de Cavaliac, qui avait été concédé à Aldebert par l'empereur Charles le Chauve en 876 [3].

Il n'est donc pas douteux que la tradition rapportée par l'interpolateur d'Adémar ne soit erronée. Mais doit-on croire que ce vicomte Aldebert, le plus ancien que nous trouvions dans des chartes, ait été réellement le premier, ou bien doit-on

---

[1] Voir le texte rétabli par M. Waitz dans la collection de Pertz, *SS.*, t. IV, p. 123.

[2] Voir aux PIÈCES JUSTIF., n° V.

[3] Voir aux PIÈCES JUSTIF., n° III.

admettre que la tradition avait quelque fondement, et reconnaître l'existence d'un vicomte Foucher qui aurait précédé Aldebert ?

Les noms mêmes d'Aldebert et d'Hildegaire étaient inconnus à l'interpolateur d'Adémar et à Geoffroy de Vigeois, qui écrivait peu après lui une liste des Vicomtes prise aux mêmes sources [1].

Il est donc certain qu'on n'avait plus, au XIIe siècle, que de très-vagues notions sur les premiers Vicomtes, et qu'on ne savait guère l'époque où avaient vécu ceux dont on connaissait encore les noms. Si donc on trouve, dans la période antérieure à l'an 1000, un autre Foucher, on peut, sans témérité, supposer que c'est de lui que le chroniqueur a voulu parler, sans bien savoir l'époque de sa vie. Or on verra plus loin qu'entre 940 et 950 il y a eu à Limoges un vicomte de ce nom ; on verra qu'il faut lui attribuer plusieurs chartes du Cartulaire de Tulle publiées par Baluze.

Donc on peut conclure que le premier Vicomte de Limoges n'est pas Foucher.

Est-ce Aldebert, ainsi que les chartes semblent l'indiquer ? Il est difficile d'en être sûr, mais c'est au moins très-probable, comme nous allons le faire voir en recherchant le véritable créateur des Vicomtes de Limoges.

## III.

Jusqu'ici tous les historiens ont attribué leur création au roi Eudes. Mais c'est une erreur évidente, puisqu'il ne monta sur le trône qu'en 887 [2] et qu'on trouve deux Vicomtes à Limoges antérieurement à cette date [3]. Cependant, avant de rejeter enti-

---

[1] Chron. Gauf. Vos. ; — ap. Labbe, t. II, p. 300.

[2] Ce n'est même que six ans après, en 893, qu'il fit avec Charles le Simple l'accord qui lui valut le royaume d'Aquitaine, dans lequel était compris le Limousin.

[3] Le même fait a eu lieu en Berry. On a cru, sur la foi du même texte, que Eudes avait divisé le Berry en vicomtés. Or il y avait des vicomtes

rement cette tradition, il y a lieu de se demander s'il n'existait pas alors en Aquitaine quelque personnage du même nom, qui ait pu trois siècles plus tard être confondu avec le roi de France. Or on a vu plus haut que de 876 à 918 vivait un comte du nom de Eudes, à la fois comte de Toulouse et de Limoges.

Peut-on douter que ce ne soit lui que l'interpolateur d'Adémar de Chabannes a confondu avec le roi de France, lui, qui en sa qualité de Comte de Limoges, avait seul le pouvoir de créer des Vicomtes à Limoges?

Cette hypothèse explique à merveille les erreurs de l'interpolateur. Elle fait concevoir comment il a pu donner pour père au roi Eudes, le comte Raymond de Limoges, car le père d'Eudes de Toulouse s'appelait Raymond et fut à la fois, comme son fils, Comte de Toulouse et de Limoges. Voyant le roi Eudes posséder l'Aquitaine (après son partage avec Charles le Simple en 893), l'interpolateur a supposé qu'il était un grand seigneur aquitain ; aussi l'a-t-il fait duc d'Aquitaine, titre que n'avait pas à la vérité le comte Eudes, mais que portèrent plusieurs comtes de Toulouse [1].

Il est donc extrêmement probable que la création des Vicomtes de Limoges est le fait du comte Eudes [2]. Dès lors, comme il ne devint Comte qu'en 876 et que la première mention que l'on trouve d'Aldebert est de 876, il est presque certain qu'Aldebert fut le premier Vicomte de Limoges.

## IV.

Eudes institua-t-il à la fois plusieurs vicomtes en Limousin, comme le dit la chronique remaniée d'Adémar, ou n'en nomma-t-il qu'un seul à Limoges? La question est intéressante mais difficile à résoudre.

---

à Bourges avant le règne d'Eudes, comme le prouve une lettre du Pape Jean VIII, en 878, où il est parlé de Gérard, vicomte de Bourges. (Migne, *Patrologie*, t. CXXVI, col. 800 a.)

[1] Cette erreur se trouve déjà dans le texte original d'Adémar. (L. III, c. 20.)

[2] Beaucoup d'auteurs ont cru que la plupart des vicomtes étaient d'au-

Si Eudes créa plusieurs vicomtes, il faut avouer qu'on ne sait pas où il a pu les placer. Baluze a supposé qu'il en avait établi :

Un à Limoges pour le haut Limousin,

Un autre à Tulle pour le bas Limousin,

Et un troisième à Aubusson pour la Marche [1].

Mais de bien graves objections peuvent être faites à cette hypothèse.

1° La Marche n'existait pas à cette époque. M. Deloche a fort bien démontré [2] qu'elle ne date que de la seconde moitié du xe siècle, et qu'elle ne comprenait pas à l'origine le pays d'Aubusson [3].

2° On ne trouve dans les chartes du ixe siècle aucune mention de vicomtes autres que ceux de Limoges. Les vicomtes d'Aubusson, des Echelles [4], de Turenne n'apparaissent que dans le courant du xe siècle, bien des années après ceux de Limoges. C'est une forte raison de croire qu'ils n'ont pas été créés ensemble.

3° Cette division du Limousin entre plusieurs vicomtes serait un fait exceptionnel pour l'époque. On en cite bien un semblable pour le Berry, mais c'est exemple tout aussi suspect, car il n'est rapporté que par l'interpolateur d'Adémar de Chabannes, et à une date impossible à admettre [5]. L'habitude au ixe siècle était de n'avoir qu'un vicomte par comté.

4° Enfin, si ce partage du Limousin entre plusieurs vicomtes avait eu lieu, chacun d'eux aurait eu forcément une circonscription distincte, qui aurait pris le nom de vicomté, ou un autre analogue. Or, M. Deloche a prouvé qu'il n'y a jamais eu de vicomtés en Limousin avant la troisième race, et que celles

---

ciens vicaires devenus à peu près indépendants des comtes. Tel n'est certainement pas le cas à Limoges, puisqu'on y trouve en 884 un vicaire du nom de Humbert en même temps que le vicomte Hildegaire (voir aux Pièces justif., n° IV).

[1] *Hist. Tutel.*, p. 17, 58, etc..... « Unum quidem in superiore provinciæ » parte, dictum ob hoc Vicecomitem Lemovicensem, alium in inferiore, » tertium in Marchia. » (*Ibid.*, p. 58.)

[2] *Cartul. de Beaulieu*, Introd., p. clIV.— *Etude sur la géogr. hist.*, p. 264.

[3] *Cartul. de Beaulieu*, Introd., p. cxlix.

[4] Il n'y eut pas en réalité de vicomte des Échelles; ce titre a été donné par Baluze à Adémar, abbé laïque de Tulle, qui appartenait à la famille de Turenne.

[5] Voir ci-dessus, p. 58, note 3. Il y a bien d'autres comtés où l'on trouve plusieurs vicomtes, mais on n'a pas d'exemple d'un comte partageant à un moment donné son gouvernement entre plusieurs vicomtes.

que l'on peut trouver à une époque bien postérieure ne sont pas des divisions administratives [1].

On ne doit donc pas plus tenir compte de l'affirmation de l'interpolateur d'Adémar de Chabannes, que d'une autre analogue que nous trouvons dans les *Chroniques françaises de Limoges*. L'auteur de ces chroniques, ne connaissant pas l'origine des vicomtes de Ventadour, de Rochechouard, de Brosses, etc., dont il rencontrait fréquemment les noms, imagina qu'ils avaient tous usurpé leur titre à l'époque où, d'après lui, le Comté de Limoges avait été supprimé [2].

Or, aujourd'hui, l'on connaît l'origine de la plupart de ces vicomtes. Ceux de Ventadour descendent d'Ebles, fils d'Archambaud, vicomte de Comborn [3], ceux de Rochechouard descendent d'Aymeric Ostrofranc, fils de Géraud, vicomte de Limoges [4], ceux de Brosses [5] sont aussi issus des Vicomtes de Limoges. Voilà des faits bien établis qui peuvent montrer le degré de confiance que l'on doit accorder à l'assertion de l'interpolateur d'Adémar de Chabannes.

Nous croyons donc que le comte Eudes n'établit en Limousin qu'un seul vicomte, celui de Limoges. Selon toute probabilité, les vicomtes d'Aubusson et de Comborn, tiges de la plupart des maisons vicomtales du Limousin, sont sortis de cette souche première.

C'est du moins ce que donne à penser, indépendamment d'autres considérations, qu'il serait trop long de développer ici, cet acte de Turpin d'Aubusson, évêque de Limoges, dont nous reparlerons plus loin, où les vicomtes d'Aubusson, de Limoges et de Comborn sont appelés *consanguinei* [6]. Mais nous risquerions de sortir du cadre que nous nous sommes tracé, en nous étendant davantage sur ce point. Revenons donc aux Vicomtes de Limoges ; nous trouverons dans l'étude de leur filiation bien assez de problèmes à résoudre, et d'obscurités à dissiper.

---

[1] Deloche, *Etude sur la géogr. hist. de la Gaule*, p. 404 et s.
[2] Ruben, *Annales de Limoges*, p. 115.
[3] Baluze, *Hist. Tutel.*, p. 55 et s.
[4] Le Laboureur, *Mémoires de Castelnau* (Bruxelles, 1731, 3 vol. in-f°), t. III, p. 223.
[5] Nadaud, *Nobiliaire du Limousin*, ms., t. II, p. 2096.
[6] *Gall. Christ. nova*, t. II, instr., col. 167.

## CHAPITRE VII.

I. ALDEBERT. — II. Son fils HILDEGAIRE lui succède. — III. Quels sont les enfants d'Hildegaire ? — IV. Ses prétendus successeurs. — Renaud. — V. Archambaud.

### I.

On a déjà vu que le premier Vicomte dont il soit question dans les chartes est ALDEBERT, qui vivait à la fin du IXe siècle. Il est mentionné avec le titre de vicomte dans une donation que son fils Hildegaire fit à la cathédrale de Limoges en 914 [1]. Cette donation est d'une grande importance, d'abord parce que c'est le seul acte connu où Aldebert soit qualifié de vicomte ; en second lieu, parce qu'elle nous fait connaître le nom de sa femme Adaltrude, et qu'elle est aujourd'hui la seule preuve certaine qu'Hildegaire ait été son fils. Les biens dont il est question, dans cette donation, sont situés dans la vicairie de Limoges. Le principal est l'alleu de *Cavaliacus*, qu'Hildegaire avait reçu en héritage de son père [2], et qu'Aldebert tenait du

---

[1] « Ego in Dei nomine Eldegarius Vicecomes, tractavi de Domini » timore pro remedio anime meae, seu Aldeberti Vicecomiti patri meo. » Voir aux PIÈCES JUSTIF., n° VII.

[2] « Qui mihi justissime de parentibus meis obvenit. » (*Ibid.*)

roi Charles le Chauve. Cet alleu lui avait été donné en 876, par un acte qui nous a été conservé [1].

Dans ce diplôme, Charles le Chauve appelle Aldebert *quidam fidelis noster, nomine Hildebertus*. Faut-il en conclure qu'il ne jouissait pas encore de la qualité de vicomte? Cela peut paraître d'autant plus probable, qu'Eudes de Toulouse, à qui il faut, selon toute apparence, attribuer l'institution des Vicomtes de Limoges, n'était Comte que depuis un an. Observons pourtant qu'il s'agit ici d'un diplôme émané du roi, qui pouvait ne pas reconnaître un titre qui ne venait pas de lui [2]. D'ailleurs, à cette époque, nous trouvons bien des actes où les vicomtes ne prenaient pas leur titre [3].

Les auteurs de l'*Art de vérifier les dates* ont parfaitement reconnu ce fait. Aussi n'hésitent-ils pas à attribuer à notre Vicomte un acte du Cartulaire de l'abbaye de Nouaillé, par lequel Ebles, comte de Poitiers, condamne un *Aldebertus Lemovicensis* à restituer à cette abbaye la forêt de Bouresse, sur les confins du Limousin et du Poitou [4]. Cette attribution est fort plausible. La seule objection sérieuse que l'on y puisse faire est que ce jugement est de l'année 904; or le fils d'Hildegaire avait déjà le titre de Vicomte longtemps avant cette date. Mais il est fort possible que le père et le fils aient porté ce titre simultanément, ainsi qu'on peut le constater fréquemment dans d'autres provinces.

## II.

Voilà tout ce que l'on sait aujourd'hui sur Aldebert; aucun chroniqueur ne l'a mentionné, et il serait probablement resté

---

[1] Voir aux Pièces justif., n° III.

[2] Ce n'est qu'assez tardivement que les rois paraissent avoir reconnu les vicomtes. On les trouve, il est vrai, mentionnés dans un capitulaire de 779 inséré dans la loi des Lombards (lib. II, tit. 30, § 2); mais ce passage est interpolé, comme nous l'avons dit plus haut. (Il en est de même d'un autre, lib. II, tit. 39, § 4.) En réalité, les vicomtes n'apparaissent pas dans les capitulaires avant la fin du règne de Charles le Chauve. Dans les énumérations d'officiers publics que renferment les suscriptions de beaucoup de diplômes royaux, les vicomtes sont le plus souvent omis.

[3] On en peut trouver plusieurs exemples dans nos Pièces justificatives.

[4] Voir aux Pièces justif., n° VI.

inconnu jusqu'ici si Baluze ne l'avait signalé. C'est encore Baluze qui a découvert l'existence de son fils Hildegaire, mais il n'a fait que le citer, et n'a donné sur son compte aucun détail.

On ne sait même pas exactement l'époque à laquelle il a succédé à son père, et les documents nouveaux que nous avons pu réunir ne rendent guère cette question moins obscure.

Les auteurs de l'*Art de vérifier les dates*, s'appuyant d'une part sur le procès entre Aldebert et l'abbaye de Nouaillé, de l'autre sur la donation du lieu de *Cavaliacus* par Hildegaire, placent son avénement entre 904 et 914. M. Marvaud le fixe hardiment à l'an 898 [1], sans dire sur quelle autorité il s'appuie.

Mais la charte de 884, que nous avons signalée plus haut, montre que ces dates sont arbitraires. Dans cette charte, Hildegaire est nommé Vicomte; ce n'est pas, il est vrai, comme nous l'avons déjà expliqué, une preuve certaine qu'il eût dès lors remplacé son père, mais c'est une raison pour se tenir en garde contre des dates mal justifiées.

Le mieux est donc de ne rien préciser et d'énumérer simplement les rares mentions que l'on a de ce Vicomte.

Rappelons d'abord cet acte de 884, sur lequel nous sommes revenus si souvent [2]. C'est une concession à titre de précaire, comme on en trouve un assez grand nombre au x<sup>e</sup> siècle. Hildegaire et sa femme Tetberga détenaient un bien qui avait jadis été soustrait à saint Martin de Tours. Ils le donnent en toute propriété à l'abbaye, et se le font rendre avec une autre terre, à charge de payer chaque année, à la Saint-Martin d'hiver, une rente de dix sous.

Nous trouvons ensuite, en 914, cette importante donation à l'église de Limoges, qui nous a permis d'établir la filiation d'Aldebert et d'Hildegaire. Outre son père et sa mère, Hildegaire nomme un sien cousin, *consobrinus*, l'abbé Pétrone, qui ne figure dans aucune liste d'abbés du Limousin. Son nom revient dans plusieurs chartes de l'église de Limoges dont il paraît avoir gouverné les chanoines [3]. C'est comme représentant du chapitre qu'il accepte plusieurs donations, notamment celle de la terre de Rofiniac dans les environs d'Yssandon, donation qui fut faite par

---

[1] *Hist. des Vicomtes et de la Vicomté de Limoges*, t. I, p. 70.

[2] Voir aux Pièces justif., n° V.

[3] Voir la copie du *Cart. de Saint-Etienne de Limoges* dans les mss. de dom Col, Bibl. nat., ms. lat. 9193, et les nombreux extraits de ce Cartulaire réunis dans la Collection Moreau à la même bibliothèque.

Christine et son fils Foucher en présence du vicomte Hildegaire [1].

En 922, Hildegaire sert de témoin dans un acte du même genre fait par Landry et sa femme Ildia en faveur de l'église de Limoges [2].

En 927, il assiste à un plaid tenu à Poitiers par le comte Ebles, son suzerain [3]. L'abbaye de Saint-Maixent réclamait un bien situé aux environs de Melle, dont s'étaient emparés deux individus nommés Godobaldus et Ermembertus. Le comte de Poitiers, d'accord avec ses *optimates* le vicomte Aimery de Thouars, le vicomte Hildegaire de Limoges, et le vicomte Savary de Thouars, père d'Aimery [4], se prononça en faveur de l'abbaye. Cette charte est importante en ce qu'elle montre que les Vicomtes de Limoges devaient à cette époque le service de cour aux Comtes de Limoges.

En 934, Hildegaire figure comme témoin dans la donation que Blatilde fit à Saint-Etienne [5]. C'est probablement à la même date qu'il faut rapporter l'acte important de l'évêque Turpion en faveur de Saint-Augustin lès Limoges, acte auquel Hildegaire donne son consentement en même temps que les parents de Turpion [6]. Les personnages nommés avec Hildegaire sont Renaud, vicomte d'Aubusson, frère de l'évêque Turpion; Archambaud, seigneur de Comborn, et le vicomte Adémar, abbé laïque de Saint-Martin de Tulle [7].

Cet acte, comme nous l'avons dit plus haut, donne à penser qu'un lien de parenté étroit devait unir Hildegaire à la famille

---

[1] PIÈCE JUSTIF., n° X. Cet acte n'est malheureusement pas daté.

[2] PIÈCE JUSTIF., n° VIII.

[3] PIÈCE JUSTIF., n° IX. Hildegaire est ici appelé *Vicecomes*, sans autre indication. Il n'est pas impossible qu'il existât alors en Poitou un autre vicomte de ce nom, auquel il faudrait attribuer cette souscription. Mais on n'a encore signalé aucun homonyme d'Hildegaire, et son nom n'est pas assez commun pour qu'il soit probable qu'il en ait existé un. On peut donc, jusqu'à preuve du contraire, adopter cette attribution, comme l'a déjà fait l'*Art de vérifier les dates*.

[4] Voir *Hist. des Vicomtes de Thouars*, par M. H. Imbert (Niort, 1871, in-8°), p. 30.

[5] PIÈCE JUSTIF., n° XI.

[6] « Consentientibus tamen nostris consanguineis seu obtimatibus Le- » movicensi pago degentibus..... Hildegario Vicecomite, Rainaldo Viceco- » mite, Archambaldo, Ademaro..... » — *Gall. christ.*, t. II, instr. col. 167.

[7] Baluze l'a appelé *Ademarus Scalensis Vicecomes*, nom que l'on a généralement traduit par *vicomte des Echelles*. Mais aucun acte ne lui donne ce titre; et comme il appartenait certainement à la famille de Turenne, il est préférable de l'appeler Adémar de Turenne, comme l'a fait Justel.

d'Aubusson, puisqu'il est nommé avant le propre frère de Turpion [1].

Le dernier document dans lequel Hildegaire figure est l'acte de fondation de l'abbaye de Chantelle en Bourbonnais, le 26 mars 937 [2].

Il est probable qu'Hildegaire mourut peu après, c'est-à-dire vers 940. Il devait être âgé d'au moins soixante-quinze ans, et portait le titre de vicomte depuis plus de cinquante-six ans [3].

## III.

On a vu que la femme d'Hildegaire se nommait Tetberga; quant à ses enfants, on n'a sur eux aucun renseignement précis. Baluze a conjecturé qu'il avait eu pour fils ce Géraud, qui porta le titre de Vicomte de Limoges dans la seconde moitié du xe siècle [4]; il est probable que le savant historien a deviné juste. Nous n'avons toutefois pu trouver aucun acte qui justifiât cette hypothèse. L'abbé Nadaud, dont les manuscrits sont conservés au séminaire de Limoges, dit bien avoir vu une donation où sont mentionnés ses fils Giraud et Edelbert [5], mais ces notes de Nadaud

---

[1] On objectera peut-être qu'Hildegaire peut aussi bien être un des *optimales* qu'un des *consanguinei*, mais la place que son nom occupe dans l'énumération doit faire rejeter cette hypothèse. L'idée de cette parenté entre les familles d'Aubusson et de Limoges n'est pas nouvelle. Baluze l'avait eue, ainsi que le prouve une note écrite de sa main. (*Arm.*, vol. 250, fos 173-174.)

[2] Besly, *Hist. des comtes de Poictou*, p. 256. Cette charte a au moins subi de graves interpolations. Les dates de l'an du règne et de l'indiction ne concordent pas. On y nomme un évêque de Clermont, Arnaud, qui ne vivait probablement plus à cette époque. (Voir la *Gall. christ.*, t. II, col. 254.)

[3] Au lieu d'admettre cette longue existence, il serait peut-être plus plausible de supposer deux vicomtes du nom d'Hildegaire qui se seraient succédé; mais rien dans les actes n'autorise cette hypothèse.

[4] Baluze, *Hist. Tutel.*, p. 59 et 61.

[5] *Nobiliaire ms.*, t. II, p. 2095. — Nous avons trouvé dans le Cartulaire de Saint-Étienne de Limoges deux actes où sont mentionnés des frères de ce nom, mais leur père se nommait Addus (Bibl. nat., ms. lat. 9193, p. 156 et 157, ch. cxv et cxvi). Il existe encore à Limoges un acte original dans les souscriptions duquel un Hildebertus se trouve mêlé aux membres de la famille de Géraud, mais rien n'indique qu'il soit son frère. Il

sont remplies d'erreurs, et il est bien étonnant qu'une charte de cette importance ait échappé à Baluze.

Il y a peut-être lieu cependant d'accepter le témoignage de Nadaud, parce qu'il est confirmé indirectement par Le Laboureur. Cet auteur, dans sa *Généalogie des Vicomtes de Limoges*[1], dit que « Géraud épousa Rotilde, fille et héritière du vicomte de » Brosse et d'une dame nommée Tatberga, qualifiée aïeule du » vicomte Guy, dans un titre de l'abbaye d'Userche. » Selon toute apparence cette aïeule du vicomte Guy est la même que la femme d'Hildegaire, qui s'appelait aussi Tetberga. S'il en était ainsi, Guy étant le fils de Géraud, cet acte prouverait évidemment que Géraud était fils d'Hildegaire. Seulement, en ce cas, Le Laboureur aurait mal interprété l'acte qu'il cite, et Tetberga serait l'aïeule paternelle et non maternelle de Guy.

Malheureusement il y a bien à craindre ici une confusion. Le Cartulaire d'Userche, où cet acte devait se lire, est détruit, mais il en reste des fragments considérables[2]. Or on n'y trouve pas l'acte dont parle Le Laboureur; au contraire, on en trouve un qui a avec lui de grandes ressemblances, mais où l'aïeule de Guy se nomme Tetrisca et non Tetberga[3]. Si c'est là le titre que Le Laboureur a voulu citer, il ne peut en rien confirmer le dire de Nadaud; bien plus, il le contredit formellement si l'on ne fait de Tetrisca l'aïeule maternelle de Guy.

Tout cela est donc peu concluant, mais un dernier argument nous détermine à suivre ici l'opinion commune. Le nom d'Hildegaire n'était pas très-ordinaire; or il fut donné par Géraud à l'un de ses fils, qui devint plus tard évêque de Limoges; c'est là un indice de parenté auquel on doit avoir égard en l'absence de toute autre preuve.

Il semble donc probable que Hildegaire eut pour fils Géraud; il est moins sûr qu'on doive lui attribuer un fils du nom d'Edel-

---

figure, il est vrai, entre deux des fils de ce vicomte, entre Géraud, qui fut seigneur d'Argenton, et Ilduin qui devint peu après évêque de Limoges (Pièce justif., n° XIX); mais on ne peut guère tirer de là un argument dans un sens quelconque.

[1] *Mémoires de Castelnau* (Bruxelles, 1731, 3 vol. in-f°), t. III, p. 215.

[2] Nous avons pu recueillir, tant dans les *Armoires* de Baluze (vol. 377) que dans les notes de Duchesne (vol. 21), les mss. de dom Estiennot et autres, le texte ou l'analyse de plus de trois cents chartes de ce Cartulaire. Il était très-considérable et en contenait peut-être le double, mais les pièces les plus importantes au point de vue historique nous ont été conservées.

[3] Pièce justif., n° XXIV.

bert. Il eut une fille, nommée Altrude, qui épousa Ebles de Thouars [1]. Les chartes et les chroniques ne nous donnent aucun autre détail sur sa postérité ; mais on verra plus loin, à l'aide de certains rapprochements, qu'il eut peut-être d'autres enfants.

## IV.

Quel fut le successeur immédiat d'Hildegaire ? De toutes les questions obscures qui se rattachent l'histoire des premiers Vicomtes de Limoges, il n'en est peut-être pas de plus difficile à résoudre.

Baluze a cru que c'était Géraud son fils [2]; mais on n'a aucune mention de Géraud à l'époque probable de la mort d'Hildegaire.

Ce n'est que trente ans plus tard, vers 970, que les chroniques et les chartes commencent à en parler.

Dans cet intervalle, se présentent plusieurs personnages qui ont paru à quelques historiens avoir été Vicomtes de Limoges ; il faut donc étudier les droits que chacun d'eux peut avoir à ce titre.

Dom Clément, qui a rédigé les articles de l'*Art de vérifier les dates* concernant le Limousin, a le premier compris qu'il y avait une lacune entre la mort d'Hildegaire et l'avénement de Géraud. Il a voulu la combler en intercalant entre eux un vicomte Renaud, dont le nom se trouve dans le Cartulaire de l'Église de Limoges.

Dom Clément reconnaît n'avoir « qu'un seul titre qui justifie son assertion : c'est la charte par laquelle un nommé Diotricus [3] fonda une église collégiale dans son alleu de la Tour, en Limousin, du consentement et en présence de ses sénieurs le vicomte Renaud et le marquis Boson : *in conspectu et præsentia seniorum meorum Rainaldi scilicet vicecomitis et Bosonis marchionis.* »

---

[1] *Chronic. Comit. Pictav.*— Martene, *Ampl. Collect.*, t. V, p. 1147. M. Imbert, dans son *Hist. de Thouars*, ne parle pas de cet Ebles.

[2] *Hist. Tutel.*, p. 58 et suiv.

[3] Diétric ou Diotricus. — Voir la *Gall. christ.*, t. II, instr. col. 168.

Mais le savant bénédictin est tombé dans une grave erreur. L'alleu de La Tour serait-il au milieu des domaines de nos Vicomtes, ce ne serait pas une preuve que Renaud fût vicomte de Limoges; or, il s'agit ici de la Tour-Saint-Austrille, petite paroisse située à quelque distance au nord d'Aubusson [1]. Il est donc à présumer que Renaud était plutôt vicomte d'Aubusson. Ce qui a pu tromper dom Clément, c'est que cet alleu est dit être *in pago Lemovicino*. Mais cela ne doit pas nous étonner, après les judicieuses observations de M. Deloche sur l'étendue de la Marche à cette époque [2]. Les environs d'Aubusson n'en faisaient pas partie, et d'ailleurs elle était formée depuis si peu de temps, que l'habitude pouvait s'être conservée de la considérer comme partie intégrante du Limousin.

On peut d'autant moins hésiter à voir dans ce Renaud un vicomte d'Aubusson, que plusieurs actes de différents cartulaires mettent hors de doute l'existence d'un Renaud d'Aubusson au milieu du xe siècle [3]. Aussi la plupart des auteurs ont-ils reconnu l'erreur de dom Clément. Seul M. Marvaud a cru devoir se ranger à son opinion, sans apporter aucun fait nouveau pour la confirmer [4]. Il est vrai que M. Marvaud a cru qu'il s'agissait dans la charte de Diotricus du lieu de Lastours, château situé sur les confins du haut et du bas Limousin. Mais il n'aurait pu faire cette confusion s'il avait connu l'acte par lequel Diotricus avait acquis ce même lieu de La Tour au mois de mars de l'année précédente. La position de cet alleu y est déterminée de la façon la plus nette [5], et on ne peut, après la lecture de cette charte, conserver aucun doute à ce sujet.

---

[1] Aujourd'hui chef-lieu de commune du canton de Chénérailles, arrondissement d'Aubusson (Creuse). Cet alleu avait été acquis par le donateur en 958. Voir Pièce justif., n° XIV.

[2] *Étude sur la Géogr. hist.*, p. 404 et suiv.

[3] Ce Renaud, frère de Turpion, évêque de Limoges, et de Boson, abbé d'Evaux et de Moutiers-Roseille, est mentionné en 936 (*Hist. Tutel.*, app. col. 360), en 945 (*ibid.*, col. 368), en 943-948 (*Cart. de Beaulieu*, ch. LXI, p. 110) et dans plusieurs pièces non datées. A en croire Baluze, il aurait été remplacé vers 950 par un vicomte Robert; mais on n'a de ce Robert qu'un acte non daté (*Hist. Tutel.*, col. 362) que Baluze rapporte assez arbitrairement à l'an 950. Du reste, tout le chapitre qu'il a consacré aux vicomtes d'Aubusson fourmille d'erreurs ou d'inadvertances.

[4] *Hist. des Vicomtes de Limoges*, t. I, p. 72.

[5] En mars 958, Diotricus acheta un lieu « in avocatione Sancti Salvatoris » et Sanctæ Mariæ et Sancti Austregisili, et illos sanctos qui ad illa Turre » sunt. » (Pièce justif., n° XIV.) C'est évidemment le même lieu qui est désigné dans sa donation du mois d'août suivant par les mots « alodus » qui vocatur ad Turrem sacratam in honore Sancti Salvatoris, sub no- » mine et reverentia Sanctæ Dei Genitricis Mariæ. » Or, il s'agit bien là de la Tour-Saint-Austrille.

Il est donc bien sûr que ce Renaud était vicomte d'Aubusson. Doit-on supposer qu'il a été à la fois vicomte d'Aubusson et de Limoges ? Ce n'est pas admissible ; car, si l'on peut concevoir, à la rigueur, comment la Vicomté de Limoges aurait passé aux seigneurs d'Aubusson, grâce aux liens de parenté qui semblent les avoir unis aux premiers Vicomtes de Limoges, on ne pourrait comprendre comment elle aurait passé à d'autres qu'aux descendants de Renaud. Enfin, à une époque où vivait encore Renaud d'Aubusson, d'autres personnages jouissaient, ainsi qu'on le verra plus loin, du titre de Vicomte de Limoges.

## V.

Plusieurs auteurs ont proposé, au lieu de Renaud, un vicomte Archambaud qui souscrivit plusieurs chartes entre 950 et 960, et qui, selon toute apparence, fut la tige de la maison de Comborn.

Baluze a passé sur ce vicomte assez légèrement, sans s'apercevoir qu'il se mettait en contradiction avec lui même. A l'en croire, Archambaud ne peut avoir été Vicomte de Limoges, parce qu'il ne porta le titre de vicomte qu'après avoir recueilli l'héritage d'Adémar de Turenne, mort sans postérité en 984, à une époque où Géraud était Vicomte de Limoges [1]. Voilà qui trancherait la question et expliquerait tout naturellement l'origine du titre de vicomte dans la famille de Comborn ; mais, malheureusement la question n'est pas si simple, et Baluze lui-même cite un acte de 962 [2], antérieur par conséquent de vingt-deux ans à la mort d'Adémar de Turenne, dans lequel Archambaud est appelé vicomte [3]. Il est donc certain que la famille de Comborn ne tient pas son titre des seigneurs de Turenne. Il y a donc lieu d'examiner d'où Archambaud était vicomte, afin de savoir s'il n'aurait pas été Vicomte de Limoges.

---

[1] *Hist. Tutel.*, p. 60.
[2] *Ibid.*, app., col. 382.
[3] « Ego in Christi nomine Arcambaldus cedo Deo et Sancto Martino Tu-
» telensi mansos meos, qui sunt in pago Lemovicino, in vicaria Na-
» vense..... Factum est hoc in mense octobrio, anno IX regnante Lotario
» rege. S. Arcambaldi Vicecomitis. S. Sulpiciæ uxoris suæ. » (*Hist. Tutel.* app. col. 381.)

Cette question, déjà assez obscure, est encore compliquée par l'existence de deux Archambaud, l'un mari de Sulpicie, l'autre mari de Rothilde, qui tous deux portent le titre de vicomte et paraissent tous deux appartenir à la famille de Comborn. Ces deux Archambaud n'en font-ils qu'un seul marié deux fois ? sont-ils deux personnages différents ? en ce cas, l'un d'eux a-t-il pu être Vicomte de Limoges ? voilà autant de questions obscures qu'il nous faut étudier.

Il est d'abord un fait hors de doute : c'est que le mari de Sulpicie était Archambaud de Comborn [1]. Quant au mari de Rothilde, du Tillet ayant signalé un Archambaud de Bourbon, dont la femme se nommait Rothilde [2], tous les auteurs ont pensé que c'était à lui qu'il fallait attribuer les actes qui font l'objet de cette discussion, jusqu'au jour où Baluze s'est prononcé contre cette opinion [3]. Les motifs qui ont déterminé Baluze sont d'un grand poids. Il s'appuie surtout sur une charte de l'abbaye d'Userche, par laquelle Rothilde, femme de Géraud, et en premières noces d'Archambaud, donna à l'abbaye d'Userche la villa de Monsor, qu'elle tenait de son premier mari, Archambaud [4]. Monsor se trouve dans la vicairie d'Userche, non loin du château de Comborn ; il est donc impossible de ne pas voir dans cet Archambaud un vicomte de Comborn. Telle est l'opinion de Baluze, et nous la croyons d'autant plus justifiée que les sires de Bourbon ne prenaient pas le titre de vicomte qui est donné au mari de Rothilde [5].

Il est donc prouvé que les deux Archambaud ont été l'un et l'autre vicomtes de Comborn.

Mais cette charte d'Userche, que Baluze a introduite si à propos dans la discussion, complique le problème par certains côtés d'une façon désespérante.

Rothilde parle de ses deux maris ; or on a bien de la peine à faire accorder les dates de ces deux mariages. En effet, un

---

[1] Un acte du Cartulaire de Tulle rapporté par Baluze (*Hist. Tutel.*, app. col. 381) le dit positivement : « Notum sit omnibus præsentibus et » futuris quod Arcambaldus Vicecomes de Comborn et Sulpicia uxor » sua dederunt..... »

[2] Du Tillet, *Recueil des rois de France*, part. I, p. 112.

[3] *Hist. Tutel.*, p. 61.

[4] Pièce justif., n° XVIII.

[5] C'est ce que met hors de doute l'*Etude sur la chronologie des Sires de Bourbon*, de M. Chazaud (Moulins, 1865, in-8°). Il y est bien démontré que les diverses pièces sur lesquelles on s'était appuyé pour donner à Archambaud Ier de Bourbon une femme du nom de Rothilde, lui ont été attribuées par erreur. (Voir p. 149 et suiv.)

des fils de Rothilde et de Géraud, Hildegaire, devint évêque de Limoges entre 976 et 980 [1]; en admettant même qu'il fût très-jeune à cette époque, il a dû naître entre 955 et 960; or, en 958 et 959, Rothilde était mariée à Archambaud [2], et même avant cette date elle avait dû avoir de Géraud un autre fils, Guy, l'aîné probablement de la famille, qui fut le successeur de son père dans la Vicomté de Limoges.

D'un autre côté, il est difficile de mettre en doute le double mariage de Rothilde. Il nous est affirmé dans cette donation qu'elle fit à l'abbaye d'Userche « pro anima Archambaldi » senioris mei, sive pro anima Geraldi senioris mei. » Le sens du mot *senior* ne peut être douteux, puisque l'on sait que Géraud était son mari. D'ailleurs on a aussi des chartes où elle figure comme femme d'Archambaud. Qu'on ne dise pas que cette Rothilde qui était mariée en 959 à Archambaud pourrait être différente de celle qui épousa Géraud en secondes noces, car il est par trop improbable qu'au même temps, dans le même pays, deux hommes du nom d'Archambaud aient épousé deux femmes du nom de Rothilde.

Il y a donc dans ce double mariage une grave difficulté. Pour la trancher, on est forcé d'admettre que Rothilde épousa Géraud à la fin de l'année 959; qu'elle en eut aussitôt deux fils, Guy et Hildegaire, et que ce dernier n'avait pas 20 ans lorsqu'il monta sur le siége épiscopal de Limoges.

Cette première difficulté écartée, on se trouve en présence de deux vicomtes de Comborn : Archambaud mari de Rothilde, et Archambaud mari de Sulpicie. Trois hypothèses sont possibles :

Ou bien le mari de Sulpicie est le père du mari de Rothilde;

Ou bien, inversement, le mari de Rothilde est le père du mari de Sulpicie;

Ou enfin les deux Archambaud ne font qu'un même personnage marié deux fois.

1° La première hypothèse est de toutes la plus impossible. Le mari de Rothilde ne saurait être le fils de Sulpicie; car pour être marié à Rothilde en 958, Archambaud devait avoir environ vingt ans, être né par conséquent vers 938, ce qui reporte à 920

---

[1] La *Gallia christiana* croit même qu'il a pu être évêque dès 963. Mais c'est là une erreur, comme on le verra plus loin.

[2] Vente par Archambaud et sa femme Rothilde à Diotricus. Mars 958 et 8 août 959. (PIÈCES JUSTIF., nos XIV et XV.)

environ la naissance de Sulpicie, en admettant qu'elle fût très-jeune lorsqu'elle donna le jour à son fils. Or, ces dates sont improbables, puisque Sulpicie était fille d'un vicomte de Turenne, qui mourut à plus de soixante ans de là, en 984 [1].

2° Le mari de Sulpicie serait-il le fils d'Archambaud, mari de Rothilde ? Ce n'est guère plus à présumer ; car un acte du Cartulaire d'Userche prouve qu'Archambaud avait épousé Rothilde avant 950 [2]. Pour qu'il fût déjà en âge d'être marié, il faut que Rothilde ait épousé son père vers 930 ; par suite, qu'elle soit née vers 910 ou 915. Elle aurait eu par conséquent près de cinquante ans en 960, quand elle épousa Géraud, ce qui est certainement impossible, puisqu'elle eut de lui huit enfants [3].

3° Reste la dernière hypothèse qui semble, au premier abord la moins plausible si l'on considère les dates des pièces qui mentionnent les deux Archambaud. En effet un acte de 950 dit Archambaud mari de Sulpicie ; un second, de 958, le fait mari de Rothilde, et un troisième, de 962, le dit de nouveau mari de Sulpicie [4]. A moins de supposer un cas flagrant de bigamie, il faut voir là deux personnages.

Cette dernière supposition est toutefois la plus vraisemblable, comme on va le voir. En somme, une seule chose s'oppose à ce que le mari de Rothilde ait été ensuite le mari de Sulpicie : c'est ce premier acte de 950. Or sa date est assez suspecte. Elle est ainsi conçue : « Mense Decembri, anno XXII » regnante Ludovico rege, » et Louis d'Outre-mer dont il s'agit ici n'a régné que dix-neuf ans. Pour lui trouver 22 ans de règne, il faut compter à partir de la mort de son père (octobre 929), mode de calcul assez insolite pour permettre de supposer une erreur [5]. Or cette charte ne nous est parvenue qu'à l'état d'analyse sommaire prise par Duchesne sur le Cartulaire d'Userche. Il est fort probable qu'une faute de copiste s'y sera glissée, et qu'on doit lire *Lothario* au lieu de *Ludovico*, ce qui donne la date de 975, qui s'accorde parfaitement avec tous les synchronismes de l'acte.

En résumé, il est probable qu'Archambaud de Comborn

---

[1] Baluze, *Hist. Tutel.*, p. 60. — Justel, *Hist. généal. de la mais. de Turenne*, p. 22, 23, et pr. p. 18, 19.
[2] Pièce justif., n° XVII.
[3] Voir plus loin, p. 84 et 85.
[4] Pièces justif., nos XVII, XIV, XVI.
[5] Le Cartulaire de Beaulieu contient une dizaine d'actes datés du règne de Louis d'Outre-mer, aucun ne paraît le faire commencer en 929.

épousa Rothilde en premières noces, qu'il se sépara d'elle vers 960, qu'il prit alors pour femme Sulpicie, pendant que Rothilde prenait Géraud pour mari. Ce divorce est assez singulier, il faut l'avouer, mais on peut l'expliquer soit par quelque prétexte de parenté ou quelque autre raison canonique qui nous est inconnue, soit simplement par une de ces infractions aux lois de l'Eglise que les grands seigneurs du x$^{e}$ siècle se gênaient peu pour commettre.

Cela admis, il est aisé de prouver qu'Archambaud n'a pu être Vicomte de Limoges. En effet, si jamais il l'a été, il n'y a aucun motif de supposer qu'il ait cessé de l'être avant sa mort. Or il vivait encore en 984, et à cette date Géraud était Vicomte de Limoges depuis bien des années. Si jamais Archambaud avait eu ce titre, un de ses fils l'aurait eu après lui; or il eut pour enfants Ebles et Archambaud, dont le premier fut vicomte de Comborn, le second vicomte de Turenne, et qui ne réclamèrent jamais aucune part dans la Vicomté de Limoges dont Guy, fils de Géraud, hérita sans conteste.

Nous arrivons donc par des raisonnements différents à la même conclusion que Baluze : le premier mari de Rothilde était Archambaud de Comborn. Il n'a jamais été Vicomte de Limoges.

---

## CHAPITRE VIII.

I. Le successeur d'Hildegaire est FOUCHER. — II. ADÉMAR dit de Ségur est probablement son fils et son héritier.— III. GÉRAUD.—Sa famille.

### I.

On trouve encore deux personnages qui pourraient avoir quelques titres à figurer dans la liste des Vicomtes de Limoges.

Le premier est ce Foucher dont Baluze a voulu faire le premier Vicomte. On a vu plus haut qu'en cela Baluze avait dû se tromper, puisque deux autres Vicomtes existaient antérieurement à la date qu'il fixe à son avénement. Mais, si nous avons contesté la date à laquelle on le place ordinairement, nous n'avons pas rejeté le fait même de son existence. C'est donc ici le lieu d'examiner s'il n'a pu être Vicomte à une autre époque que celle que lui assigne, certainement à tort, l'interpolateur d'Adémar de Chabannes.

Baluze a trouvé dans le Cartulaire de Tulle deux actes qui parlent d'un vicomte Foucher[1]. Ils sont, l'un de l'année 948,

---

[1] Baluze, *Hist. Tutel.*, p. 58, et app. col. 369.— Voir ci-après, PIÈCES JUSTIF., nos XII et XIII. — Dans un de ces actes, Foucher est nommé *Fulcherius Vicecomes*; dans l'autre, *Fulcardus Vicecomes de Segur*. Baluze n'a pas cru devoir s'arrêter à cette légère différence dans la terminaison du nom. Il est probable qu'il a bien fait; cependant cette différence doit être signalée.

l'autre d'une date inconnue, mais voisine de celle-là. Or, c'est précisément l'époque où vient de disparaître Hildegaire.

Il est vrai que Foucher est nommé *Vicecomes de Segur*, tandis qu'Hildegaire se nommait *Vicecomes Lemovicensis*. Mais Baluze a justement fait remarquer que l'on ne devait pas attacher d'importance à ces qualificatifs, parce qu'à cette époque le titre de vicomte était attaché à la personne et non à la terre. Le titre de vicomte de Ségur prouve que Foucher possédait le château de Ségur ; il ne peut empêcher de voir en lui un Vicomte de Limoges [1].

Une autre objection, d'apparence plus sérieuse, peut être faite à cette hypothèse : c'est que, s'il fallait en croire une charte de l'abbaye d'Userche, mentionnée par Le Laboureur, il y aurait eu alors à Limoges un autre vicomte du nom d'Adémar. Cet Adémar, dont la femme se nommait Emma, donna à l'abbaye d'Userche la moitié des revenus de l'église de Saint-Ybard, et de la *court* d'Alairac. La charte de donation est souscrite par ses fils Adémar, Géraud, Pierre, Foucher. Le Laboureur a cru que le Géraud dont il est ici question était le même qui fut Vicomte de Limoges entre 965 et 990. Il en a conclu que son père Adémar était fils du vicomte Hildegaire, et qu'il avait aussi été Vicomte de Limoges [2]. Malheureusement tout cet édifice repose sur une mauvaise lecture de cette charte d'Userche. Nous avous pu retrouver dans les notes de Duchesne une analyse sommaire de la version dont s'était servi Le Laboureur [3]. Elle permet de reconnaître une charte, dont Baluze nous a conservé le texte intégral [4] et qu'il faut restituer à Guy Ier, fils de Géraud, qui eut effectivement Emma pour femme, et pour fils Adémar, qui lui succéda, Géraud, Pierre et Foucher [5]. Il n'est

---

[1] « Vicecomitum dignitas non erat per illas tempestates affixa loco, » sed personæ tributa..... Fulcherius Vicecomes Lemovicensis..... vocatur » in quadam charta Tutelensi Vicecomes Segurensis, quia erat dominus » castri Segurensis. » (*Hist. Tutel.*, p. 17.) — Si l'on n'acceptait pas l'explication que donne ici Baluze, il y aurait lieu d'insister sur ce fait, que Foucher ne porte le titre de *Vicecomes de Segur* que dans l'acte où il est appelé *Fulcardus*. Mais nous croyons qu'il n'y a pas lieu d'attacher d'importance à ce titre. Il pourrait même être une addition du copiste du Cartulaire, car dans les actes de cette époque le titre de vicomte est rarement suivi de l'indication du lieu.

[2] *Mém. de Castelnau*, t. III, p. 211.

[3] Bibl. nat., coll. Duch., vol. 22, f° 231. — Voir aux Pièces justif., n° XXII.

[4] Bal., *Arm.*, vol. 377, p. 168. — Voir aux Pièces justif., n° XXI.

[5] Cette charte est d'autant plus facile à reconnaître qu'elle est suivie, dans la note de Duchesne, de la donation de l'autre moitié des revenus

donc pas douteux que cet Adémar, mari d'Emma, n'a jamais existé. Rien ne s'oppose à ce qu'on mette à sa place Foucher de Ségur.

Au contraire, plusieurs arguments sérieux viennent à l'appui de cette conjecture. Remarquons d'abord que les témoignages de Geoffroy de Vigeois et de l'interpolateur d'Adémar de Chabannes reprennent ici quelque valeur ; car, si l'on comprend facilement que ces deux auteurs aient pu ignorer la date où vécut Foucher, il est moins naturel de supposer qu'ils se soient aussi trompés sur sa qualité. Puis donc qu'ils parlent d'un vicomte Foucher, il faut chercher s'il ne peut trouver place à une autre date que celle qu'ils ont indiquée, date qui est reconnue fausse. Or il n'existe dans la série des Vicomtes de Limoges qu'une seule lacune, entre Hildegaire et Géraud, entre 940 et 970 environ ; et, précisément à cette époque, nous trouvons un vicomte Foucher que l'on ne sait à quelle famille rattacher sinon à celle de Limoges. Les seuls vicomtes qu'il y eut alors en Limousin étaient ceux d'Aubusson, de Turenne, de Tulle, de Comborn et de Limoges. On sait les noms de ceux qui jouissaient de ces titres : c'étaient Renaud à Aubusson, Bernard et Adémar à Turenne, Adémar à Tulle, Archambaud à Comborn ; ce n'est que dans la série des Vicomtes de Limoges que l'on trouve une lacune. N'est-il pas infiniment probable que c'est là que l'on doit placer Foucher ?

Tout vient à l'appui de cette hypothèse, car on retrouve le nom de Foucher porté par plusieurs membres de la famille de Limoges, et le personnage que Baluze, d'accord en cela avec tous les auteurs, a donné pour fils à Foucher, Adémar, a été probablement Vicomte de Limoges après lui.

## II.

Sur ce dernier point toutefois, nous aurons Baluze pour adversaire, et voici pour quel motif : Le fils du vicomte Géraud, Guy,

---

de l'église de Saint-Ybard, par Archambaud de Bochiac. Or la copie de Baluze précède de même immédiatement la donation d'Archambaud de Bochiac.

épousa Emma, fille d'Adémar [1]. Or, pour qu'Adémar soit le prédécesseur de Géraud, il faut supposer entre eux une parenté, ce que Baluze considère comme inconciliable avec le mariage de Guy et d'Emma. Mais en invoquant cet argument, Baluze oubliait qu'il venait d'établir lui-même la parenté d'Adémar et de Géraud au cinquième degré [2]. On ne peut donc s'appuyer sur ce mariage pour contester à Adémar le titre de Vicomte de Limoges.

D'ailleurs on a, pour lui donner ce titre, une raison bien décisive : la charte de fondation de l'abbaye d'Userche le nomme formellement *Vicecomes Lemovicensis* [3]. Baluze, il est vrai, a repoussé ce témoignage, prétextant qu'Adémar n'est appelé *Vicecomes Lemovicensis* que parce qu'il était seigneur de Ségur et que Ségur est en Limousin. Mais Turenne, Comborn, Aubusson, Ventadour étaient aussi en Limousin, et jamais on n'a vu un seul acte où leurs vicomtes soient appelés *Vicecomes Lemovicensis*. A moins donc de contester l'authenticité de l'acte de fondation d'Userche, il est impossible de refuser à Adémar le titre de Vicomte de Limoges.

Il est vrai, en ce cas, que le mariage de sa fille avec le fils de Géraud est contraire aux lois canoniques, mais doit-on s'étonner de cette infraction aux lois de l'Eglise à une époque de trouble et de licence comme le xe siècle ?

Il est vrai encore, et, pour n'avoir été invoqué par personne jusqu'ici, cet argument n'est pas le moins sérieux, qu'un autre acte du même Cartulaire d'Userche fait vivre Adémar et sa femme Mélissende en l'an XXXIII du règne de Lothaire, c'est-à-dire à une époque où depuis longtemps Géraud était Vicomte de Limoges. Mais, si cet acte empêche d'être trop affirmatif en ce qui concerne Adémar, il ne peut prévaloir contre le témoignage de l'acte de fondation d'Userche.

En effet, il est daté de l'an XXXIII du roi Lothaire, et Lothaire ne régna que trente-un ans et six mois. Pour lui trouver trente-trois ans de règne, il faut dater de l'an 952, époque de son asso-

---

[1] Voir aux PIÈCES JUSTIF., nos XXI, XXIII, XXIV.

[2] *Hist. Tutel.*, p. 61 et 62.

[3] *Hist. Tutel.*, app. col. 852. — La notice historique qui servait d'introduction au Cartulaire d'Userche le nomme *Abderamus Vicecomes Seguris*; mais ce titre s'explique comme nous l'avons déjà dit plus haut pour Foucher (p. 76, note 1). De plus, on ne peut avoir qu'une très-médiocre confiance dans cette notice, rédigée au XIIIe siècle probablement, et remplie de récits fabuleux. (Voir Baluze, *Hist. Tutel.*, app. col. 827.)

ciation au trône par Louis d'Outre-mer, ce qui n'est pas un mode de calcul assez usuel [1] pour qu'on doive l'accepter sans être bien sûr du texte de l'acte. Or, il est difficile de présenter moins de garanties que ce texte. Nous n'en avons aucune copie intégrale; il est seulement mentionné dans une note très-succincte, trouvée dans les papiers de Duchesne, et rien ne permet d'en discuter la valeur. On ne peut donc, jusqu'au jour où une copie de cette pièce aura été découverte, s'en servir pour prétendre qu'Adémar n'a pas été Vicomte de Limoges [2].

En attendant, nous croyons devoir pencher vers l'affirmative. Notre opinion se motive :

.1° Sur l'acte de fondation d'Userche qui lui donne ce titre ;

2° Sur plusieurs chartes dans lesquelles le vicomte Guy, son gendre, le nomme *antecessor noster* [3];

3° Enfin sur un passage d'une chronique de Poitou où il est dit qu'après la mort du vicomte Hildegaire, Adémar eut à guerroyer contre Ebles de Thouars, « ce qui aurait eu de graves » conséquences pour le Limousin si le duc d'Aquitaine n'était » mort sur ces entrefaites [4] ».

Si Adémar était simplement un seigneur quelconque du Limousin, comment a-t-il pu se prendre de querelle avec un seigneur dont il était séparé par une aussi grande distance? comment une querelle de ce genre a-t-elle pu devenir menaçante pour le Limousin?

Au contraire, si Adémar était Vicomte de Limoges, le fait s'éclaire d'une façon remarquable.

Pour avoir succédé à Hildegaire, Adémar devait être un de ses descendants, son petit-fils probablement. Or Ebles de Thouars avait épousé la fille d'Hildegaire, Altrudis, ce qui explique naturellement qu'il ait eu, malgré la distance, des rapports avec

---

[1] Nous n'en connaissons aucun exemple en Limousin, et les actes publiés par Baluze et M. Deloche ne laissent pas supposer qu'il y ait été employé.

[2] Vol. 22, f° 231.— Voici le texte de cette note : « Senegundis cujus uxor » Bererius, filius Erbertus, dedit duos mansos, unum in villa Peneia, » alium in Burgo, in vicaria Cursiacensi. Testes Ademarus Vicecomes, » Milissendis, Arbertus, Adalaydis Galterius, Ramnulfus, Gaubertus, » mense maïo anno XXXIII regnante Lothario rege. »

[3] Voir notamment aux PIÈCES JUSTIF., n° XXIII.

[4] « [Ebles de Thoarcio] contendebat armis cum Ademaro in Lemovi» censi pago, defuncto Hildegario Vicecomite, unde maximum Lemovi» censibus pervenisset exitium, nisi Willelmus dux Aquitanensis brevi » obiisset. » (Martene, *Ampliss. Coll.*, t. V, p. 1147.)

Adémar. Le motif de la guerre aura été sans doute quelque question d'héritage, et l'on conçoit qu'une affaire dans laquelle le Vicomte de Limoges était engagé ait dû attirer l'attention du duc d'Aquitaine, et menacer le Limousin d'une intervention qui lui aurait été fatale.

Il nous reste à dire comment Foucher et Adémar semblent se rattacher à la famille d'Hildegaire.

Il est probable qu'Hildegaire eut pour fils Foucher et Géraud. On trouve même dans le Cartulaire de Saint-Etienne de Limoges un acte, qui semble au premier abord confirmer cette hypothèse : c'est une donation à la suite de laquelle on lit les signatures d'Hildegaire, Foucher et Géraud [1]. Mais, à dire vrai, nous ne croyons pas qu'il faille voir ici nos Vicomtes. Le nom d'Hildegaire n'est suivi d'aucun titre qui permette de l'identifier. Quant à Foucher, il est assez probable que c'est le même qui fit une autre donation à la Cathédrale avec sa mère Christine.

Quoi qu'il en soit, il nous paraît très-probable que le vicomte Foucher était le fils aîné d'Hildegaire. Après lui la Vicomté de Limoges passa à son fils Adémar. Celui-ci étant mort sans enfants mâles, ses biens retournèrent à son oncle Géraud, et, pour éviter probablement que sa fille ne portât à une autre famille des droits sur la Vicomté, on l'unit en mariage à son cousin Guy, fils de Géraud [2].

---

[1] Bibl. nat., ms. lat. 9193, f° 110. — Il est à remarquer que ces souscriptions se présentent dans l'ordre de succession des trois vicomtes.

[2] La chanson de *Gérard de Roussillon* mentionne Géraud dans un curieux passage, qui nous est signalé par M. Paul Meyer :

> E viscons de Limoges c'a non Girau
> Qui fu filz Audoïn e neis Fouchau. (Ms. d'Oxford.)

Var. du ms. de Paris :

> Qui fu filhs Andevi e nebs Folquau.

Var. du ms. de Londres :

> Qui fu nies Audoïn e nies Folquau. (Édit. Fr. Michel, p. 305.)

Faut-il attribuer à ce passage la valeur d'une tradition historique et ajouter une génération entre Hildegaire et Géraud ? Nous n'osons le proposer, vu le peu d'autorité d'une pareille source. Il faut reconnaître cependant que cela rendrait encore plus plausible l'ordre de succession que nous proposons.

## III.

Le vicomte Géraud est le dernier dont le règne offre de nombreuses obscurités de chronologie, et, quoique les chroniques se soient occupées de lui plus que de ses prédécesseurs, il est malaisé de déterminer exactement le temps où il a vécu et les faits auxquels il a pris part.

L'*Art de vérifier les dates* le place en 963, au plus tard ; c'était au plus tôt qu'il fallait dire ; car en 963, comme on l'a vu plus haut, le vicomte Adémar vivait encore et guerroyait contre Ebles de Thouars. En réalité, on n'a aucune preuve certaine de son existence avant 970, et l'on n'a pas encore pu établir d'une façon satisfaisante les dates des principaux faits qui lui sont attribués.

Un de ses premiers actes fut probablement l'hommage qu'il prêta à l'abbé de Saint-Martial Aimeric, qui mourut vers 974. Ce fait nous est rapporté par Adémar de Chabannes ; il est d'une certaine importance en ce qu'il explique les rapports féodaux que l'on trouve à une époque bien postérieure entre les Vicomtes de Limoges et les abbés de Saint-Martial [1].

En 974 au plus tôt [2], nous voyons figurer le vicomte Géraud dans une sanglante affaire qui montre bien la barbarie de l'époque. L'évêque de Limoges, Ebles, frère du comte de Poitiers, s'était adjoint pour l'administration de son diocèse un coadjuteur du nom de Benoît, qui était son successeur désigné. Hélie, comte de Périgord, fils de Boson le Vieux, comte de la Marche, voulant peut-être réserver le siége de Limoges à son jeune frère Martin, qui fut plus tard évêque de Périgueux, s'empara de

---

[1] « Hic Geraldum Vicecomitem in manibus suis habuit commendatum » et Bosonem Vetulum de Marca. » (Adem. Caban., l. III, c. 29.)— Dans les notes de Bernard Ithier, que M. Duplès-Agier a publiées pour la Société de l'Histoire de France, sous le titre de *Chroniques de Saint-Martial de Limoges* (1874, in-8°, p. 41), ce fait est mal daté. B. Ithier fait vivre Aimeric de 925 à 956, tandis qu'on est d'accord à le placer entre 943 et 974 ou 975.

[2] Cette date est déterminée par une suite d'actes de l'évêque Ebles qu'a publiés Besly (*Hist. des Comtes de Poictou*, p. 283, 284).

Benoît et lui fit crever les yeux. Le Vicomte de Limoges prit immédiatement les armes contre l'agresseur, mais Hélie le vainquit. Peu après cependant, le jeune fils du Vicomte de Limoges, Guy, parvint à surprendre Hélie et son frère Aldebert [1]. Il enferma ce dernier au château de Montignac et emmena Hélie à Limoges, avec l'intention de lui infliger le même supplice qu'il avait fait subir à Benoît. Mais Hélie parvint à s'échapper. Son frère, moins heureux, resta prisonnier plusieurs années, et n'obtint sa liberté qu'en épousant la sœur du vicomte Guy [2].

S'il faut en croire l'*Art de vérifier les dates*, cette guerre ne serait pas la seule que le vicomte Géraud ait eu à soutenir contre ses turbulents voisins. Il aurait, en 970, battu Hélie et son père Boson, qui voulaient lui enlever le château de Brosse. Le fait est rapporté par Aimoin [3], mais rien n'autorise à le placer en 970. Il est au contraire fort à présumer qu'il eut lieu quelques années plus tard, probablement dans le cours de la guerre occasionnée par l'attentat d'Hélie contre le chorévêque Benoît. Aimoin dit en effet que cet événement eut lieu : *monarchiam regni Francorum adhuc Lothario regente*, c'est-à-dire, comme l'indiquent les termes de la phrase, vers la fin du règne de Lothaire [4].

Depuis cette époque jusqu'à sa mort, Géraud ne figure plus dans aucune chronique, et les chartes, trop peu nombreuses qu'il a laissées, ne permettent guère de compléter les renseignements que l'on possède sur son compte.

La première charte dans laquelle il soit nommé, est un acte du Cartulaire de Limoges [5]. C'est une vente entre particuliers près de Château-Chervix ; on n'en peut dire exactement la date [6], ce qui n'a du reste qu'une importance secondaire, Géraud n'y étant mentionné que comme témoin.

Le même Vicomte figure ensuite dans l'important privilége que l'évêque Hildegaire son fils accorda à l'abbaye d'Userche. Cet acte, dont la date a été défigurée par les copistes, a été mis

---

[1] Qui fut comte de Périgord après Hélie.

[2] Adem. Caban., lib. III, cap. 25.— Pertz, *SS.*, IV, p. 127.

[3] *Mirac. S. Bened.*— Edit. de la Soc. de l'Hist. de France, p. 119.

[4] Lothaire mourut le 2 mars 986, après un règne de trente-deux ans. D'un autre côté, la paix était rétablie entre Géraud et la famille de Boson avant 980 (*Art de vérifier les dates*). Il est donc probable que le siége de Brosse eut lieu entre 975 et 980.

[5] Voir aux Pièces justif., n° XX.

[6] La pièce est datée du règne de Lothaire ; elle est donc antérieure à 986.

par Baluze à l'an 887, ce qui nous semble parfaitement justifié [1].

Géraud donna vers la même époque (entre 975 et 987) l'alleu de Dun à l'abbaye de Saint-Martial. L'original de cette donation existe encore aux archives de Limoges [2].

Il est encore mentionné en 988 dans la donation que sa femme Rothilde fit pour le repos de son âme et de celle d'Archambaud de Comborn, qu'elle avait eu pour premier mari [3].

Enfin il nous reste à signaler plusieurs actes qu'on lui a attribués, soit à tort, soit sans preuves suffisantes.

Le premier est une donation faite à l'abbaye d'Userche par Adémar et son cousin Géraud, « Ademarus Vicecomes et Geraldus consanguineus meus. » Baluze a cru qu'il s'agissait d'Adémar de Ségur et de Géraud père de Guy [4]. Mais cette attribution est erronée, ainsi que le prouve un résumé détaillé de cette pièce qui nous est parvenu dans les notes de Baluze lui-même [5]. On voit figurer parmi les témoins Pierre de Donzenac qui fut abbé d'Userche vers 1050. Il faut donc restituer cette donation à Adémar III [6], vicomte de Limoges de 1052 à 1090, et à son cousin Géraud II, vicomte de Brosse [7].

On trouve encore, en 988, une donation pour le repos de l'âme d'Archambaud de Comborn, faite par un Géraud [8]. Mais cet acte nous a été conservé sous une forme trop succincte pour qu'on puisse se prononcer sur son attribution. Cette incertitude est regrettable parce que cette donation fait supposer une parenté entre Archambaud et le donateur. Si donc ce Géraud était notre Vicomte, il serait prouvé qu'une parenté existait entre les Vicomtes de Limoges et ceux de Comborn, et l'on pourrait peut-être en déduire l'origine de ces derniers [9].

---

[1] Ce diplôme a été imprimé plusieurs fois. Il en existe beaucoup de copies manuscrites, se rapportant à deux types, l'un publié par Baluze (*Hist. Tutel.*, app. col. 851), l'autre dans la *Gallia christiana* (t. II, instr. col. 181). La version de Baluze prise dans le Cartulaire d'Userche est très-supérieure à l'autre, qui nous a été conservée dans le Cartulaire de Saint-Etienne de Limoges.

[2] Pièce justif. n° XIX.

[3] Pièce justif. n° XVIII.

[4] *Hist. Tutel.*, p. 58 et 59.

[5] *Arm.*, vol. 377, p. 152.

[6] L'*Art de vérifier les dates* le nomme Adémar II.

[7] Voir la généalogie des vicomtes de Brosse au *Cabinet des titres*, dossier Rochechouart. Ils descendaient de Géraud d'Argenton, fils du Géraud qui nous occupe.

[8] *Hist. Tutel.*, app. p. 384.

[9] Peut-être, et plus probablement, ce Géraud est-il le même que le *Geraldus Vicarius* qui a souscrit avec Archambaud un acte du Cartulaire de Tulle. (*Ibid.*)

Comme on le voit, tous ces actes ne permettent pas d'établir d'une façon bien positive la durée du gouvernement de Géraud. L'*Art de vérifier les dates* le fait vivre jusqu'en l'an 1000, mais il était certainement mort bien auparavant. Il est probable qu'il venait de mourir lorsque sa femme Rothilde fit la donation de Monsor à l'abbaye d'Userche pour le repos de son âme. En tout cas, on a dès 988 des actes où son fils Guy figure comme Vicomte de Limoges [1].

Géraud laissa de sa femme Rothilde de nombreux enfants, qui sont :

Guy Ier, qui lui succéda dans la Vicomté de Limoges (988-1025);

Hildegaire, évêque de Limoges, non pas, comme le veut la *Gallia christiana*, de 963 à 990 ou 992, mais probablement de 976 à 990. Il est en effet certain qu'Ebles, son prédécesseur, était encore évêque postérieurement à 975 [2]. D'autre part, deux actes du Cartulaire de Saint-Etienne de Limoges établissent qu'il vivait encore en 988, mais était mort en 990 [3];

Alduin, qui succéda à son frère dans l'évêché de Limoges et qui mourut le 23 juin 1014, d'après la chronique de Saint-Martin de Limoges [4] ;

---

[1] Bibl. nat. mss. de Duchesne, vol. 22, f° 231 v°. — *Cart. de Saint-Etienne de Lim.*, coll. Moreau, t. XIV, f° 90. — Il figure comme témoin avec son fils Adémar dans la charte de fondation d'un hôpital que Guillaume Fier-à-Bras, duc d'Aquitaine, établit à Poitiers en janvier 989. (*Cart. de Saint-Hilaire de Poitiers*, dans les *Mém. des Antiq. de l'Ouest*, 1847, p. 54.)

[2] On a des chartes de lui, en 967 pour Saint-Hilaire de Poitiers (*Antiq. de l'Ouest*, 1847, p. 33, 36, etc.); — 969 dans Besly (*Hist. des Comtes de Poictou*, p. 265); — 970 (*Antiq. de l'Ouest*); — 972 (Besly, p. 284); — 973 (Besly, p. 285); — 974 (Besly, p. 283, 284); — 975 (Besly, p. 265, et *Antiq. de l'Ouest*).

[3] Le premier de ces actes est une donation faite à la requête d'Hildegaire le 19 juin 988, « XIII kal. julii regnante Ugone rege anno II, et » Rotberto filio suo anno I. » (Bibl. Nat., coll. Moreau, t. XIV, f° 80.)

Le second est une autre donation du 23 août 990, « mense Augusti X kal. » septembris regnante Hugone rege Francorum, anno IV regni ejus », acceptée et confirmée par Alduin « consenciente et confirmante videlicet » domno Alduino episcopo. » (Coll. Moreau, t. XIV, f° 144.)

Les auteurs de la *Gallia christiana* ont avancé qu'Hildegaire était mort en 992 au retour du concile de Reims, et qu'il avait été enterré à Saint-Denys. Adémar de Chabannes dit bien (l. III, c. 35) qu'il fut enterré à Saint-Denis, mais la date de sa mort et son voyage à Reims ne sont mentionnés que par les chroniques françaises de Limoges (Ruben, *Annales mss. de Limoges*, p. 128).

[4] La *Gallia christiana* prétend, sur le témoignage d'Adémar de Chabannes, qu'il avait été remplacé dès le mois de novembre 1009 par son neveu Géraud. Mais il assista à un synode tenu à Poitiers dans les premiers mois de l'année 1011; il restaura le monastère de Saint-Martin en 1012, et la Chronique de Saint-Martin ajoute qu'il n'est mort qu'en 1014, « in vi- » gilia nativitatis Beati Joannis. » (Baluze, *Arm.*, vol. 262, f° 93 v° et 81.)

Aimery, surnommé Ostrofrancus, qui fut la tige des vicomtes de Rochechouart [1];

Géraud, seigneur d'Argenton [2];

Geoffroy, abbé de Saint-Martial, de 1007 à 1019 [3];

Hugues, religieux au même monastère [4];

Adalmodis, mariée à Aldebert, comte de la Marche et du Périgord, et qui épousa en secondes noces Guillaume, duc d'Aquitaine [5].

A partir du règne de Guy, l'histoire des Vicomtes de Limoges devient moins aride. Les documents, si rares pendant le IXe et le Xe siècle, sont de plus en plus nombreux. Les chroniques d'Adémar de Chabannes et de Geoffroy de Vigeois permettent de suivre avec précision les progrès incessants de leur pouvoir. Aussi ne trouve-t-on plus de ces obscurités, de ces incohérences de faits et de dates, qui abondent dans la période dont nous avons fait l'objet de cette étude.

Ici donc doit s'arrêter notre travail. Nous avons recherché consciencieusement la vérité. Puissions-nous l'avoir trouvée quelquefois !

---

[1] Voir l'*Hist. généal. de la maison de Rochechouart*, par le général de Rochechouart.

[2] Il est nommé dans la donation de Monsor (PIÈCE JUSTIF. n° XIX). — Aimoin parle de lui dans les *Miracles de S. Benoît* (lib. III, cap. 5. — Edit. de la Soc. de l'Hist. de France, p. 151).

[3] La *Gallia christiana* (t. II, col. 557) croit qu'il ne devint abbé qu'en 1008. Mais son prédécesseur, Adalbade, mourut en juillet 1007.

[4] Il est nommé dans l'*Art de vérifier les dates*, mais nous n'avons pu trouver aucun renseignement sur lui, pas plus que sur Tisalga et Aldearde que Nadaud donne pour filles à Géraud. (*Nobil. ms.*, t. II, p. 2096.)

[5] L'*Art de vérifier les dates* fait d'Adalmodis la femme de Boson II, comte de la Marche, et prétend que la femme d'Aldebert se nommait Aiscelina. Mais cela est en désaccord complet avec le témoignage d'Adémar de Chabannes (lib. III, cap. 34) qui nous apprend qu'Adalmodis épousa Guillaume d'Aquitaine à la mort d'Aldebert, à un moment où Boson vivait encore. La femme de ce dernier se nommait aussi Adalmodis, mais elle était fille de Guillaume I, comte de Provence. (*Art de vérifier les dates.*)

---

# PIÈCES JUSTIFICATIVES.

# PIÈCES JUSTIFICATIVES.

## N° I.

### TESTAMENTUM ROGERII COMITIS ET EUFRASIÆ UXORIS EJUS, PRO FUNDATIONE MONASTERII CARROFENSIS [1].

In nomine Sancti Salvatoris [2], sub die XIIII. Kal. Junii, regni domini nostri Caroli gloriosi regis sub anno quinto, regnante filio suo domino nostro Lodoico rege Aquitanorum [3], domino et venerabili pontifice in Christo patre Bertrando episcopo, qui

---

[1] Cet acte a été publié par Mabillon (*Ann. Bened.*, t. II, p. 711) d'après un cartulaire aujourd'hui perdu. Nous le réimprimons tel que l'a donné l'illustre bénédictin; nos notes prouveront en détail ce que nous avons avancé au premier chapitre de notre travail, à savoir que ce testament est une compilation fabriquée, en partie sur des actes authentiques, au plus tôt à la fin du XIe siècle.

[2] Forme d'invocation complètement insolite à l'époque supposée de la confection du diplôme.

[3] Voir ce que nous avons dit plus haut de cette date, p. 13. La *Table des diplômes* la rapporte à l'an 785, attribuant au règne de Louis le Pieux les mots « sub anno quinto. » Cette interprétation rendrait la date plus admissible, mais elle s'accorde mal avec la construction de la phrase.

Pictavis civitatis ecclesiæ Sancti Petri rector præesse videtur [1], Rotgerius comes et conjux sua Eufrasia. Compellit nos amor cœlestis atque divina dispensatio ut aliquid, pro peccatorum nostrorum cumulo vel animæ nostræ refrigerio ac superna retributione, assignare procuremus, qualiter apud pietatem Domini vel quantamcumque veniam mereamur promereri. Pariter pertimescentes casum humanum, et quia nulli finem suum scire Deus permisit, proinde communiter testamentum nostrum condere propria deliberatione disposuimus, vel ipsum scribendum rogavimus. Quod testamentum ipsum si jure civili non valuerit, prætorio jure subsistat; quod si jure prætorio stare nequiverit, jam ipsum ad vicem codicis illæsum manere præcipimus [2]; quod septem testibus ad subscribendum ex more firmatum, vel a pluribus signatum, plenam suscipiat firmitatem. Quod testamentum amico nostro Bertrando Pictavensi episcopo credidimus commendandum, ita ut, si amborum nostrorum obitus noster advenerit, ipsum testamentum palam prolatum ad ipsos monachos et abbatem, quem per hoc testamentum ibidem instituimus, eis traditum, omnique tempore vigore firmitatis subsistat. Ideo devotione animi, voluntatis, imperii, despondimus in loco nuncupato Karrofo, in urbe Pictava [3], infra terminum Briosensem, prope fluvium Karantonæ, monasterium ædificare in Dei nomine, ecclesiam in honore Sancti Salvatoris, sanctissimæque ejus Genitricis, sanctorumque Innocentium collocandum rogavimus, et monachos duodecim præsentialiter ibidem instituimus, qui officium sanctum et sacerdotale inibi jugiter exerceant; atque illic Dominicum, sub nostra pariter directione, super ipsam abbatem [4] instituimus : quem et succedentes per ordinem ibidem debeant conversare, et secundum religionis cultum et regulam, illic qui præponendi sunt abbates vivere debent. Huic autem prædictæ basilicæ memorati cœnobii, videlicet Karrofi, tam monachis præsentibus quam futuris, cedimus agrum cum omnibus suis appen-

---

[1] Dans les testaments de cette époque qui nous ont été conservés, la date est plus souvent à la fin qu'au commencement de l'acte. On y mentionne souvent le roi régnant, mais pas l'évêque. Enfin on trouve généralement l'indiction qui manque ici. On en peut voir la preuve dans les principaux testaments contemporains. (Martene, *Thes. Anecd.*, t. I, p. 20. — Mabillon, *De re dipl.*, p. 516. — D'Achery, *Spicil.*, t. XII, p. 490. — *Hist. du Lang.*, t. I, pr., col. 38, etc.)

[2] Cette formule prouve que l'auteur du testament avait devant les yeux un acte authentique; mais elle devrait plutôt se trouver à la fin.

[3] Forte *in orbe Pictavo*. (Note de Mabillon.)

[4] Corr. *abbatiam*.

ditiis, et quæcumque de Amelio dato pretio comparavimus, vel quantumcumque nos postea ibidem attraximus, cum terris, ædificiis, vineis, silvis, pratis, pascuis, aquarumve decursibus, una cum omni facto accolonorum et servorum, quidquid in jamdicto agro nos videmur possidere, et ad nos ex qualicumque attracto pervenerit, totum cum omni integritate ad jam dictam ecclesiam Sancti Salvatoris, et monachis præsentibus et futuris per succedentium vices..... [1] volo et hanc donationem prædicto cœnobio ex proprio jure concedo in pago Pictavensi villam, quæ dicitur Genuliacus, cum suis appenditiis, quem nos pariter de Lamberto comparavimus. Similiter cedimus quidquid illic attraximus in villa Flaviacensi, quantum Agilmarius ibidem visus fuit habere et quantumcumque Waldramus ibidem de alodo habuit. Et cedimus prædictæ ecclesiæ quamdam piscatoriam in fluvio Karantonæ factam, quam nos de Viviano proprio pretio comparavimus; et aliam piscatoriam in Vigenna ad Scubontum quam quidam servus noster comparavit; et illum mansum quem de Avellino comparavimus cum omnibus adjacentiis suis. Et in prædicto pago damus prædicto cœnobio curiam de Loa cum ecclesia, et curiam Sancti Martini cum ecclesia, et curiam Castanensis ecclesiæ cum ipsa ecclesia, et terram de Riparia, et curiam Saviniacensis ecclesiæ, et curiam de Peirol cum ecclesia, et curiam de Suirim cum ecclesia sua, et curiam de Mont cum ecclesia, et terram de Ba, et castrum Bellimontis cum omnibus adjacentiis suis.

Hæc dedit Rotgerius comes cœnobio Karrofensi cum suis et omnibus ad illas pertinentibus, cum servis et ancillis hujus terræ, natis in pago Pictavensi [2].

Rursus dono [3] in pago Lemovicensi castrum Sancti Angeli cum monasterio et omnibus ecclesiis ad ipsum pertinentibus; et in prædicto pago curiam Coloniensem cum ecclesiis suis; et curiam de Plevix cum ecclesiis suis in Arvernensi pago; et servos et ancillas, et quidquid ad supradictas curias pertinet. Dono etiam in Lemovicensi pago castrum Netronense cum præfati

---

[1] Il y a ici une brusque lacune. Le scribe a pris une phrase d'une autre donation qu'il avait sous les yeux, et il l'a soudée à la suite de l'acte précédent, sans qu'on puisse reconnaître exactement le point de jonction.

[2] Mabillon a mis cette phrase en italique, ce qui nous paraît prouver qu'il la considérait comme une interpolation.

[3] Voici un second acte complétement distinct du premier.

castri castellania [1], et Cucilagium et Vadrerias. Dono rursus in pago Exedonense Gagiacum et Malamvallem, et mansum Parentiniacum, quem Agoberta et filius ejus Agobertus nobis dederunt ; et in Pinicimago quantum de Ebulone proprio pretio comparavimus. Dono rursus in pago Petragoricensi Castanedum cum suis appenditiis, et quantumcumque ab Alexandria femina, tam in Petragorico, quam in Lemovicensi pago [2]; et item in Domicinago mansum illum, quem Galdinus nobis dedit. Do iterum in pago Briocinse, quod nobis traditum fuit in loco nuncupato Vernolio et Hagiaco.

Hæc est donatio terrarum, quam fecit Rotgerius consul [3] cœnobio Carrofensi. Rursus subscribendum esse decrevimus, quod domna Eufrasia prædicti comitis conjux pro utrorumque remedio præfato contulit loco [4].

Præsentis generis posteritatem, per generum successionem procreandam, ego Eufrasia, Rotgerii nobilissimi principis atque catholici comitis [5] conjux, admonere volo quatenus non oblivis-cantur sed potius, si quid boni in hac mundana procellosaque fluctuatione agimus, recordentur. Unde sciant, non ad nostræ humilitatis fragilitatisque extollendam personam, sed ad exemplum et ad catholicæ religionis provectum, quod dona quædam, quæ conjux meus in partibus Pictavensium Rotgerius comes constituit, mea irreligiositas pro mei conjugis et meo adipiscendo remedio contulerit Karrofensi. Igitur prædicto cœnobio cedo de mei juris hereditatisque proprio castrum Sancti Yvonis cum omnibus adjacentiis, scilicet cum supposita riberia, et molendinis ex altera parte ; ex altera autem parte cum curia Balanasensi, et cum omnibus sibi pertinentibus. Hoc castrum prædictum in Arvernensi pago constitutum est [6]. In ipso autem pago cedo supradicto loco curiam Caldolonii cum ejus adjacentiis, cum servis

---

[1] L'emploi du mot *castellania* en ce sens n'était pas connu sous Charlemagne. On le trouve sous la forme *caslania* dans plusieurs actes limousins du xe siècle. Il ne devient d'un usage fréquent qu'au xie siècle. (Ducange, *Gloss.*, v° *castellum.*)

[2] Suppl. *comparavi.*

[3] *Consul* est un titre que l'on rencontre bien rarement dans les chartes, et jamais avant la fin du xe siècle.

[4] *Hoc... loco.* Toute cette phrase a été mise en italique par Mabillon. C'est encore une interpolation manifeste. Le fragment d'acte qui suit n'a aucun rapport avec les deux précédents.

[5] Jamais comte, du temps de Charlemagne, n'eût osé prendre un titre si pompeux.

[6] *Hoc... est.* Cette incidente paraît être une phrase explicative introduite par le scribe pour remplacer quelque autre phrase omise.

et ancillis. Cedo rursus in ipso pago curiam Molongiæ cum ecclesia sua; et curiam Perussiæ cum ecclesia; et curiam Nobiliaci cum ecclesia sua; et curiam Firminaci cum ecclesia sua; et curiam Gadinalcensem cum ecclesiis suis, et omnibus suis pertinentibus.

Hæc sunt data cœnobio Carrofensi a venerabili conjuge Rotgerii comitis Eufrasia in pago Arvernensi [1].

Decrevimus [2] iterum ego Rotgerius et uxor mea Eufrasia pro refrenanda malorum insania, seu laicorum, seu diversorum prælatorum, ut nullus episcopus, non etiam qui ad præsens Pictavensi urbi præfertur, nec aliquis succedentium, potestatem super ipsum cœnobium, aut super monachos ipsius cœnobii exercere audeat. Non etiam illuc veniat, nisi tantum pro facienda oratione; sed si invitatus fuerit et petitus a monachis, illuc venire habeat licentiam pro aliquo beneficio illuc collaturo. Igitur, si necesse fuerit, episcopus ipsius sedis sacerdotes ipsius cœnobii et ordinet, et benedicat, absque ullo tamen prœmio; et hoc infra claustrum ipsius monasterii, si tamen abbas jusserit. Et si, quod absit, prædictæ sedis pontifex aut archidiaconus graves super ipsos esse voluerint, aut contrarii fuerint, vel superstationes injustas eis imponere tentaverint, aut de rebus, quas pro animæ nostræ remedio ad præfatam casam Dei delegavimus, aliquid auferre voluerint, nullatenus liceat. Quod si contra jus et sanctum [3] agere voluerint, pontificiæ dignitatis apicem episcopi, archidiaconi vero archidiaconatus officium pariter amittant [4]. Nos tamen ad ipsum abbatem, quem illic præesse voluimus, videlicet Dominicum, vel ad monachos præsentes vel futuros, tale dedimus privilegium : quod si præsentiam domni principis expetere eis necesse fuerit, licentiam habeant. Quia sic de Domini misericordia confidimus, quod gloriosus domnus noster Carolus, et ceteri post eum venturi, si ipsi monachi recte vixerint... [5] augmentum possit pertinere. Et illud nobis complacuit, ut quando abbas ex ipso monasterio, ut se habet humana conditio, de hac luce Domino

---

[1] *Hæc... Arvernensi*, phrase interpolée mise en italique par Mabillon.

[2] Le nouvel acte qui commence ici est beaucoup plus suspect que les autres fragments. On y voit le comte Roger accorder à l'abbaye de Charroux des indemnités ecclésiastiques, telles que le Pape seul aurait pu en accorder. Le règlement qu'il fait ensuite pour l'élection des abbés semble emprunté aux règlements du même genre que faisaient les rois.

[3] Suppl. *Ordinem*.

[4] Voilà une menace qu'un comte n'aurait jamais faite, parce que son exécution ne dépendait d'aucun pouvoir civil.

[5] Lacune dans l'original.

vocante migraverit, ipsi monachi per consensum domni regis inter se regulariter eligant abbatem, talem videlicet qui secundum Deum vel ordinem sanctum ipsam congregationem ad Dei voluntatem perficiendam regat, et taliter disponat qualiter ipse et grex sibi commissus Dei voluntatem in omnibus adimplere studeant. Et dum Christo propitio ipsa congregatio secundum Deum inter se regulariter abbatem invenire vel eligere potuerint, qui eos, ut diximus, juste et modeste regere possit, minime extraneus abbas super eos imponatur, qui ipsam congregationem contrarietatibus opprimere possit, vel contrarietatum perturbationibus conturbet. Et nulli umquam parentelæ nostræ obtentu, vel cuilibet extraneæ personæ licentiam permittimus, ut ullam repetitionem adversum abbatem ipsum vel monachos inquirere possit, nec de rebus illis, quas ibidem in mercedis nostræ augmentum delegavimus, abstrahere vel minuere omnimodis prævaleat : sed liceat eis quieto ordine vitam illorum emendare, et pro stabilitate domni nostri regis Caroli, et prolis ipsius, ac totius populi christiani, et pro nobis, Domini misericordiam attentius indesinenter exorare.

Qui videlicet domnus Carolus sæpe dictum locum quam plurimis ditavit donationibus, tam in terris, quam in pretiosis ecclesiæ ornamentis : quod, ut ipsi audivimus et etiam vidimus, subscribendum esse in hujus testamenti contextu procuravimus.

Igitur prædictus domnus Carolus, qui præfatum locum per manus nostras ædificandum præcepit, cessit huic loco in episcopatu Santonensi curtem Girniacensem cum omnibus sibi pertinentibus, et ecclesiam de Fornis, et curiam Cressiacensem, et ecclesiam Sancti Florentii cum terris sibi adjacentiis, videlicet cum castro Niortensi, id est vicariam [1] ipsius castri, cum ecclesiis et sepultura, et castrum quod dicitur Cólum, in pago Alnensi. In pago Belvacensi Fraxinetum ecclesiam, et in pago Remensi Villam Dominicam. In Meldensi quoque territorio Montiniacum, cum cunctis attinentibus sibi rebus. Hæc perpetualiter possidenda tam ipse, quam gloriosus filius ejus Ludovicus, eidem Carrofensi cœnobio delegavit, cum monasterio Sancti Saturnini, quod est constructum in Andegavensi pago, cum monasterio Sancti Florentii martyris in pago Santonico.

---

[1] On peut rapprocher le sens prêté ici au mot *vicaria* de l'emploi signalé plus haut du mot *castellania*. Ce sont là des expressions de droit féodal qui donnent de précieuses indications pour la date de fabrication de ce prétendu testament.

Nec illud silentio tegimus, quod prædictus domnus Carolus, ut præfato retinuit loco, istud scilicet quod quando in Pictavensem urbem veniet, ipsi monachi præfati cœnobii afferant illi gantos unos, et duos cereos, cum duabus botis nectare plenis [1], nec amplius ab eo vel ab alio aliquo ab illis exigendum est. Istud tamen beatæ memoriæ Ludovicus [2], domni Caroli filius totum remisit, indignum judicans quod domus seu familia Deo proprie dicata humanis applicaretur obsequiis.

Ego rursus Rotgerius, et uxor mea Eufrasia cessimus prædictæ ac Deo dicatæ ecclesiæ capsam nostram, ubi quam maximas reliquias recondere fecimus, et calicem cum patena optimum, plurimaque dona illi attribuimus et constituimus : atque præfecimus cœnobio illi abbatem virum religiosum nomine Dominicum, cum duodecim monachis, ipsum autem tertium decimum [3]; ut inspirante divina gratia sub regula sancti Patris Benedicti vivere studeant. Unde placuit nobis, quamdiu viventes fuerimus, præfatum locum sub nostra tuitione esse locandum : quia quanto magis per eum laboravimus, tanto magis eum defensare atque tueri oportet. Itaque post obitum amborum, tam meæ conjugis, quam meum, tutela atque defensione potestateque regia præcipimus defensandum : qualiter ipse abbas vel prædicti monachi ab ipso tutamentum vel defensionem per Dei adjutorium expetant, et cum omni quiete seu tranquillitate vivere debeant, et pro stabilitate ipsius regis vel fidelium ejus, ac facinorum nostrorum remedio, et pro eis eleemosynarum suarum largitione ad memoratam casam vel ad ipsam congregationem impendant, vel impensuri sunt, die noctuque, melius ac propensius eis delectet in auribus Domini Sabaoth precum simulque orationum vota omni nixu fundere. Petimus igitur sanctitatem omnium præsentium seu futurorum, ut quod nos ipsi congregationi in nostra proprietate concessimus, vestro adjutorio habere mereantur. Placuit etiam, quod si ulla opposita persona, aut heres noster vel propinquus, servus, extraneus, aut qualiscumque Deo contra-

---

[1] Ce sont là des redevances purement féodales. Les gants étaient d'un usage assez fréquent dès l'époque carlovingienne. Ils servaient parfois de signe matériel pour la tradition, comme la *festuca* et autres symboles. Mais ils ne sont devenus des objets de redevance qu'à la fin du XIe siècle. (Voir Ducange, v° *Wantus*.)

[2] Les mots *beatæ memoriæ* indiquent que Louis le Pieux est mort. Le scribe a donc oublié la date qu'il a inscrite en tête de l'acte.

[3] Il est impossible d'admettre que Roger et Charlemagne aient fait d'aussi riches donations pour entretenir seulement douze moines. Notons aussi la rédaction bizarre de cette phrase.

rius, conatus fuerit contra voluntatem nostram adire, tentaverit aut irrumpere meditatus fuerit, aut ipsis monachis parvam aut modicam rem subtrahere voluerit, primitus iram Dei omnipotentis, in cujus honore nos hæc prædicta dona ipsi loco delegavimus, se potiri sciat, et alienus a divina cognitione videatur, et etiam habeatur; et insuper reddat prædictorum monachorum exactoribus auri libras decem, argenti pondera viginti. Et ut hæc voluntas nostra omni tempore, tam præsenti quam futuro, firma perduret, ab omnibus quoque firmitate subnixa [1]. Denique prædictorum monachorum sanctitas atque sollicitudo cum necesse fuerit post abbatis obitum alterius eligat personam, qui non improvide suos corrigat subjectos, sed provide quibus dignum fuerit, compatiatur. In illis etiam quorum merita exigunt, utatur ferro abscissionis, ut ita quæ corrigenda sunt, corrigat, et quæ mulcenda sunt, mulceat : quatenus per prælati sollicitudinem subjectorum humilitas cœlestem subeat celsitudinem ibi mansura per infinita sæculorum spatia. Amen. Signum Rotgerii comitis, qui hoc testamentum fieri jussit. Signum Eufrasiæ. Signum Ericii espiscopi Tolosanæ sedis. Signum Benjamin Santonicæ sedis episcopi. Signum Adalberti Arvernensis episcopi [2]. Signum Ebroini comitis. Signum Amaferedi comitis. Signum Sansonis comitis. Signum Abraham digni abbatis. Signum Martini. Signum Johannis. Signum Walterii. Signum Benedicti. Signum Ingeluarii. Signum Adalgarii. Signum Tridelais. Signum Effraim presbyteri. Signum Herii monachi. Signum Berenici monachi. Signum Baseni monachi. Signum Bosonisi *(sic)* presbyteri. Signum Andraldi. Signum Arnaldi. Signum Ananiæ.

---

[1] Le scribe a omis la moitié de la formule bien connue : *cum stipulatione subnixa*, probablement parce qu'il ne la comprenait pas. Cela indique qu'il faisait sa compilation à une époque où cette formule n'était plus en usage. En effet les derniers exemples que l'on en trouve sont de la fin du xe siècle et des premières années du xie.

[2] Nous compléterons ici ce que nous avons déjà dit de ces souscriptions. L'évêque Ericius a paru aux auteurs de la *Gallia christiana* être le même que Arricho, qui figure en 788 au concile de Narbonne (Labbe, *Concilia*, t. VII, col. 965), et qu'un certain Hartrichus, nommé dans la lettre de Charlemagne *De Septiformi Spiritu* (Mabillon, *Vet. Anal.*, t. IV, p. 312). — Un Aldebertus, évêque de Clermont, est nommé dans la charte de fondation de l'abbaye de Mauzac et dans l'*Histoire de la translation de saint Austremoine* (Mab., *Acta SS. Ord. S. Bened.*, t. III, 2e part., p. 191), que l'on rapporte à l'an 764. Il n'est aucunement certain qu'il vécût en 779, et encore moins en 785.—Quant aux évêques Bertrand et Benjamin, ils ne sont pas mentionnés ailleurs que dans ce testament de Roger.

## N° II.

### ÉCHANGE ENTRE STODILUS, ÉVÊQUE DE LIMOGES, ET GÉRARD, COMTE DE BOURGES [1].

(28 juillet 855.)

Inter quos caritas illibata permanserit, pars parti beneficia conferre non dedignavit [2]. Pro ambarum ergo partium utilitatibus congruisque beneficiis, placuit atque convenit inter illustrem virum Gerardum comitem, et venerabilem virum Stodilum, Lemovice sedis episcopum, ut aliquid de rebus suis concamiare [3] deberent, quod ita et manifestum est fecisse. Dedit igitur jam dictus Gerardus comes partibus predicti venerabili pontifice Stodilo, vel predicte ecclesiae, ecclesiam nomine Rovariam, vel ipsam villam, ubi ipsa aecclesia sita esse videtur, sitam in pago Lemovicino, in vicaria Flaviniacense, ipsam scilicet ecclesiam,

---

[1] Extr. du *Cartulaire de Saint-Étienne de Limoges*.— Ce Cartulaire, dont le texte paraît avoir été assez défectueux, est aujourd'hui perdu. La Bibliothèque Nationale en possède de nombreux extraits, que nous avons collationnés avec soin. Le texte du présent acte a été établi sur les copies de la coll. Moreau, t. I, p. 240 (M.); — de dom Col, ms. lat. 9193, p. 279 (C.); — de Duchesne, vol. 20, f° 238 (Duch.); — de la coll. Decamps, vol. 103, f° 78 v° (Dec.); de la coll. Dupuy, vol. 828, f° 25 (Dup.).

Nous rappellerons ici une fois pour toutes que les actes que nous publions ont été souvent défigurés par les copistes. Nous les imprimons cependant tels quels, craignant en y voulant introduire des corrections de ne pas reproduire l'original.

[2] M. *dedegnavit*. — Dup. et Dec. *Denegabit*. — Duch. *Denegavit*.

[3] Dup. et Dec. *concambiare*.

cum omnibus mansis, villulis, casis, domibus, tectis, edificiis, pratis, silvis, aquis aquarumve decursibus, mobilibus et immobilibus, cultum et incultum, quesitum et ad inquirendum, omnia et ex omnibus, et mancipiis utriusque sexus, tam ipsis [1] qui super ipsam villam sunt comanentibus [2], quam cum eis qui foris sunt et ad ipsam villam aspicere videntur curam scilicet quantum ex jure proprio nostra in ipsis rebus cernitur esse possessio. Et e contra in compensatione harum rerum, pro his rebus dedit venerabilis vir predictus Stodilus pontifex partibus Gerardo [3], illustri comiti, villam sitam in pago Biturico, in vicaria Nirondense, nomine Coiacus, ex ratione Sancti Stephani, sue sedis majoris scilicet canonicae predicte urbis Lemovice, consencientibus vel adfirmantibus prenominate sedis canonicis, ipsam scilicet villam cum omnibus suis appendiciis, domibus, edificiis, vineis, ortis, campis, pratis, silvis, aquis, aquarumve decursibus, mobilibus et immobilibus, cultis et incultis [4], quesitum et ad inquirendum, omnia et ex omnibus, quantumcumque [5] pars prefate sedis ad ipsam villam habere videtur. Sed et [6] etiam prefatus Gerardus aliam pariter constructam ecclesiam in pago Albiensi, in villa que nominatur Exsidogilus, quem domnus Audacher condam antecessores [7] supra eandem villam manere instituit utriusque sexus. Taliter inter se visi sunt commutasse bonorum horum partium, et in aliquo unius cujusque partis dampno estimationem, ita ut ab hodierna die predictus venerabilis pontifex Stodilus debere..... [8] accepit sive successores sui, rectores videlicet predicte urbis, faciant jure firmissimo sicut de ceteris propriis ecclesiasticis rebus. Sepe nominatus vero Gerardus [9] illuster comes, de his quas accepit rebus, faciat sicut de ceteris propriis hereditatibus. De repeticionibus namque ita inserendum visum fuit : si nos ipsi, emutata voluntate, aut aliquis heredum sive successorum nostrorum contra has commutationes aliquam calumniam aut litem movere temptaverit, quod petit ad nullum voluntatum perveniat augmentum dampnetur. Insuper componat

---

[1] C. *ipsi.*
[2] Dec. et Duch. *commanentibus.*
[3] M. Duch. et Dech. *Gerardi.* — Dup. *Geraldi.*
[4] Dec. Dup. Duch. *cultum et incultum.*
[5] Dup. et Duch. *quantacumque.*
[6] Dup. et Duch. *Dedit* au lieu de *Sed et.* Lacune dans Dec. Cette phrase a été certainement tronquée par le copiste du Cartulaire.
[7] Dup. et Dec. *antecessor.*
[8] Lacune dans l'original du Cartulaire. (Note de dom Col.)
[9] C. *Geraldus.*

ab eo quem commoverit, una cum judice distringente auri libras II. Et hii concambii, unde duo uno tenore conscripti, firmi et stabiles valeant perdurare, stipulatione[1] adnixa. Factae commutationes V Kal. Augusti. Anno Incarnationis Domini nostri Jesu Christi DCCCLV, indictione I, anno VIII, regnante Karolo serenissimo Aquitanorum rege[2]. Signum Gerardi comitis, qui hanc commutationem[3] fieri vel adfirmare rogavit. Signum Jacob. Signum Petroni. Signum Johanne. Signum Emmenoni[4]. Signum Ermentarii. Signum Ragenfredi. Signum Arebaldo. Signum Warnaldi. Signum Bosoni. Signum Autulfi[5].

---

[1] C. *stiplatione*.

[2] Ces dates ne concordent pas. En 855 le roi d'Aquitaine était Pépin II, Charles le Chauve était roi de France, et dans la quinzième année de son règne ; enfin l'indiction était III. Pourtant il est possible que l'indiction seule soit fausse. Pépin II fut renversé du trône pendant le courant de l'année 855. Il fut remplacé par Charles le Jeune, fils de Charles le Chauve ; mais pendant le temps plus ou moins long qui s'écoula avant le couronnement de Charles le Jeune, il est assez naturel que l'on ait recommencé à dater du règne de Charles le Chauve, le compétiteur et le vainqueur de Pépin. Or, Charles le Chauve étant devenu roi d'Aquitaine en 848, sa 8e année tombe bien en 855.

[3] Dup. *donationem*.

[4] Duch. *Immenoni*.

[5] C. et M. *Autulphi*.

## N° III.

### DONATION PAR CHARLES LE CHAUVE A HILDEBERT [1].

(17 juillet 876).

In nomine Sancte et Individue [2] Trinitatis. Karolus ejusdem Dei omnipotentis misericordia Imperator Augustus. Si petitionibus [3] fidelium nostrorum justis et rationabilibus assensum praebemus, imperialis celsitudinis operibus consuescimus, et exinde eos ad nostrae celsitudinis obsequium fideliores ac devotiores reddimus. Itaque notum sit omnibus fidelibus sanctae Dei Ecclesie [4] et nostris, praesentibus scilicet atque [5] futuris, quia quidam fidelis noster nomine Hildebertus culminis nostri adiens serenitatem, deprecatus est ut ei quasdam villas, quae appellantur Cavaliacus, et item Cavaliacus [6], quae sunt sitae in comitatu Lemovicense [7], usufructuario et jure beneficiario omnibus diebus vitae suae, et filio suo post eum, per hoc preceptum [8] nostrae auctoritatis concederemus. Cujus precibus, ob sui bene merito famulatu [9] assensum praebentes, hoc scriptum fieri jussimus, per quod concedimus ei jam dictas villas, cum omni sua integritate, cum terris, vineis, silvis, pratis, pascuis, et cum ho-

---

[1] Extr. du *Cart. de Saint-Étienne de Limoges.* — Nous avons établi le texte de cette pièce sur les copies de la coll. Moreau, t. II, p. 158 (M.); de dom Col, ms. lat. 9193, p. 205 (C.); — de dom Estiennot, ms. lat. 12764, p. 96 (E.); de Baluze, *Armoires*, vol. 41, f° 89 (B.),— et sur le texte imprimé dans le *Recueil des historiens de la France*, t. VIII, p. 654 (F.).

[2] B. *sanctæ et individuæ.*

[3] C. et M. *Supeticionibus.*

[4] B. *ecclesiae.* = [5] F. *ac.* = [6] F. *et item Cavaliacus* manque. = [7] F. *Lemovicensi.* = [8] F. B. *praeceptum.* = [9] F. *famulatum.*

minibus de super commanentibus, ut absque alicujus immutationis sive imminutionis vel minorationis detrimentis, omnibus diebus suae vitae, et filius ejus post eum, ut praediximus, jure beneficiario et usufructario habeant atque [1] possideant. Et ut haec nostrae auctoritatis praeceptio pleniorem atque firmiorem in Dei nomine obtineat firmitatis vigorem..... [2].

Audacher notarius ad vicem Gozlini recognovit.

Data XVI Kal. Augusti. Anno XXXVII regnante Karolo gloriosissimo imperatore in Francia, et in successione Hlotarii [3] regni anno VI, imperii [4] autem ejus anno I. Actum Pontigone [5] palatio imperiali [6]. In Dei nomine feliciter. Amen.

---

[1] F. *et.*

[2] La formule finale devait être : *manu nostra firmavimus, atque annuli nostri impressione subter jussimus sigillari.* Elle manque dans toutes les copies qui nous restent de cette pièce.

[3] M. et B. *Lotarii.*

[4] M. et E. *imperante.*

[5] M. et B. *Pontione.*

[6] M. et E. *imperatoris.*

## Nº IV.

### DONATION FAITE PAR DANIEL A L'ÉGLISE DE LIMOGES [1].

(Octobre 884.)

Magnificentissimis atque in Christo venerabilibus canonicis, presentibus et futuris, monasterio beati Stephani prothomartiris Lemovicensis [2] degentibus ibique Dei misericordiam implorantibus, senioris ecclesie ubi, tempore presenti, venerabilis pontifex Anselmus preesse videtur. Ego enim in Dei nomine Danial, humilis et peccator, pertractans amorem patrie coelestis, et pertimescens poenas inferni, idcirco michi placuit ut aliquid de rebus meis, vobis dominis prefatis fratribus, qui sunt in pago Lemovicino, infra quintana videlicet Limovicas civitatis, hoc est mansos duos, unum ubi Guntarius visus est manere, et alium apsum in villa cujus vocabulum est Martiliacus [3] ipsos quoque mansos de Eimerico, seniore meo, data precia comparavi, et modo, namque diem pertimescens dissolutionis meae, jam prenominatis [4] mansibus cum domibus, tectis, curtis, ortis, ortiferis, verdegariis, exitibus et regressibus, villaribus supra positis, pratis, silvis, aquis aquarumve decursibus, pascuis, terris cultis et incultis, quaesitum et quod ad inquirendum est, omnia et ex om-

---

[1] Extr. du *Cart. de Saint-Étienne de Limoges.* — Nous avons établi le texte de cette pièce sur les copies de la coll. Moreau, t. III, fº 6 (M.); de dom Col, ms. 9193, p. 93 (C.); de la coll. de Duchesne, vol. 20, fº 234 (Duch.), et sur les extraits de la coll. Decamps, vol. 103, p. 62 (Dec.), et de la coll. Dupuy, vol. 828, p. 23 (Dup.).

[2] M. *Lemovicensis.*

[3] Il a dû y avoir ici une omission dans le texte du cartulaire.

[4] C. *pronominatis.*

nibus quantumcumque ad ipsos jam dictos mansos aspicit vel aspicere videtur, et mea cernitur esse potestas et dominatio, totum et ab integrum, jam dictis fratribus, ad propriam stipendiam, vel successoribus eorum, per hanc cessionis cartulam manibus trado, transfero atque transfundo, ad habendum vel possidendum, ita tamen ut sub jure et dominatione saeculari [1] senioris mei Deusdet sint omnibus diebus vitae suae, eo videlicet modo ut ad annualem meum, modium vini optimi jam commemoratis fratribus offerre non desinat, qualiter mei memoriam peragere libenti animo adimplere studeant. Post suum namque discessum volo ut emelioratas res, sicut jam supra dictum habemus, sine ullo contradictore, testem hanc scedulam, in communi stipendio adhibendae sint potestati per cuncta secula. Ex hoc quod minime credimus, licet utilitas non subveniat nichilhominus est permittendum [2]. Si quis ego ipse aut aliquis ex successoribus vel propinquis atque heredibus meis, sive proheredibus seu quilibet [3] ulla opposita vel immissa persona, qui contra hanc cessionem, quam ego promitto [4] animo et bona voluntate fieri rogavi, venire voluerit, aut aliquam calumniam generare conatus fuerit ad irrumpendum, illud quod repetit non vindicet, sed insuper contra cui litem intulerit, una cum distringente judice solidos centum coactus exolvat. Et haec cessio, meis vel bonorum hominum manibus roborata, firma et stabilis valeat perdurare cum stibulatione adnexa. Signum Danihal, qui hanc cessionem fieri vel affirmare rogavit. Signum Umberti ejusdem civitatis vicarii. Signum Eimerici. Signum Sigibrandi. Signum Gislardi. Signum Rainaldi. Signum Heliae. Signum Israelis. Signum Emmengaudi ordine curiarii. Factam hanc scedulam in mense octobrio, dominice Incarnationis Domini nostri Jesu Christi anno DCCCLXXXIV, indictione II, anno I quo Karlomandus rex obiit. Petrus rogitus [5] scripsit et subscripsit [6].

---

[1] C. *sacel*. M. *saecl*, abréviation que les copistes n'ont pas pu lire, mais que la copie de Moreau permet de restituer.

[2] Cette phrase inintelligible est ainsi rapportée dans toutes les copies.

[3] M. *quislibet*.

[4] Corr. *promto*.

[5] Dec. et Duch. *rogatus*.

[6] Carloman ne mourut que le 6 décembre 884; on ne pouvait donc au mois d'octobre de la même année dater de l'année de sa mort. Il y a là une grave interpolation [qui, rapproché d'autres détails, peut inspirer quelques doutes sur l'authenticité de l'acte]. Il faut encore noter cet Ermengaud, *ordine curiarii*. C'est un titre bien étrange.

## N° V.

### CONCESSION A TITRE DE PRÉCAIRE, FAITE PAR LE CHAPITRE DE SAINT-MARTIN DE TOURS AU VICOMTE HILDEGAIRE [1].

(884.)

Cum ex rebus ecclesiasticis alicui beneficia commoda atque opportuna praestantur, consequens et condignum est ut ex rebus propriis ea rependere quisque studiat, quae proficua fiant ecclesiae, suisque ministris accepta atque grata, et sic in reliquum scriptura obligata habeantur, ut statutis temporibus firma et inviolabilia permanere possint. Nos igitur in Dei nomine, Hugo, venerabilis basilicae et rerum omnium incliti confessoris Christi Beati Martini abbas, manifestum fore cupimus successoribus nostris, ejusdem Sancti Martini abbatibus, quoniam accessit ad nostrae ditionis familiaritatem, quidam fidelis noster, ipsius Sancti Martini Galterus nomine thesaurarius, innotescens nobis quoniam essent quaedam res suo ministerio pertinentes quas ex longo tempore Sanctus Martinus pene perditas habebat, sed erat quidam fidelis, Hildegerius nomine, qui eas more precario adquirere volebat, unde praecabatur nos, ut eas nostra auctoritate concederemus. Dedit igitur praescriptus Hildegerius, Lemovicinorum vicecomes et uxor illius Tetberga, quemdam

[1] Archives de Saint-Martin de Tours. — *Armoires* de Baluze, t. LXXVI, f° 94. — Impr. dans *Les Invasions normandes dans la Loire et les Pérégrinations du corps de saint Martin*, par M. Mabille, p. 52. — *Bibl. de l'École des Chartes*, année 1869, p. 430.

alodum illorum proprium, villam videlicet Ateias nomine, sub omni integritate, cum domibus, vineis, pratis, silvis, pascuis, aquis et mancipiis utriusque sexus desuper commanentibus, petens uti in recompensatione hujus elemosinae, concederemus ei villam Sancti Martini, Brugolium nomine, similiter sub omni integritate cum mancipiis utriusque sexus desuper commanentibus, cum ecclesiis in honore Sancti Martini et Sancti Martialis constructis, cum domibus, vineis, silvis, pratis, pascuis, silvis, aquis aquarumve decursibus, et cum omnibus rebus ad ipsam cortem pertinentibus, excepta tantum matricula. Haec vero omnia cum ipso quem Sancto Martino dederat alodo, per deprecationem, ut diximus, praenominati Gualterii, simulque consensum Sancti Martini canonicorum, sub omni integritate concessimus, ea quidem ratione ut studeant exinde reddere, annis singulis, ad missam Sancti Martini hiemalem, censum solidos decem et sic quamdiu advixerint, tam ipsi quam infantes illorum, quieto jure teneant et possideant, Ildegerius scilicet et coeteri post ipsum. Si autem ex instituto censu negligentes aut tardi extiterint, id ipsum eis emendare liceat, et quod tenuerint, non amittant. Ut autem hujus praecariae auctoritas a nobis certius per deprecationem Gualterii facta esse credatur, et a successoribus nostris Sancti Martini abbatibus inviolabilis conservetur, manibus propriis sub signo Sanctae Crucis eam firmavimus, et canonicos Sancti Martini ac nostros subscribere rogavimus. Signum Sanctae Crucis domni Hugonis abbatis, qui hanc precariam fieri rogavit.

[Datum]..... anno DCCCLXXXIV. Regnante Carlomanno.

---

## Nº VI.

### JUGEMENT RENDU PAR LE COMTE DE POITIERS ENTRE L'ABBAYE DE NOUAILLÉ ET ALDEBERT DE LIMOGES [1].

(14 mai 904.)

More anticorum patrum cunctorumque civium, lege Romanorum decretum est in orbe terrarum, ut principes saeculares legalia praecepta servantes, judiciaria potestate falsa destruerent et recta perquirerent. Unde universo orbi notum debet esse quia residente cum obtimatibus suis domno Ebolo venerabili comite, pridiae Idus madii, Pictavis civitate, offuit ibi quidam advocatus Sanctae Mariae et Sancti Juniani ex Nobiliaco monasterio, Gualdo nomine, proclamans rectum judicium coram domno comite et principibus suis de Aldeberto Lemovicensi, qui cupidatis face et saeculari rabiae, silvam Sanctae Mariae, quae vulgo dicitur Boerecia, praefato monasterio tam injuste tollebat. Domnus vero comes et cuncti illius proceres hoc audientes, interrogaverunt eum, quare hoc faceret. Respondens ipse dixit se magnum rectum in hoc re habere. Tunc surgentes Pictavi pro amore Sanctae Mariae et Sancti Juniani, jussio tamen comitis asseruerunt eum nunquam ab eis separare, donec rectum judicium illic faceret, protestantes omnes per ducentos vel trecentos annos ipsum monasterium de hac re esse vestitum, et quendam Leodegarium dono cunctorum fratrum ipsius loci hactenus eam

---

[1] Extr. du *Cartul. de Nouaillé*. — Collect. Moreau, t. III, fº 188.

justa possedisse. Tunc Aldebertus, principali judicio et legali examine constrictus, inquisitio facta a suis qui illic aderant fidelibus, recognovit se non bene egisse, quaeque injuste abstulerat, reddidit; unde necesse fuit tam abbati Garino, quam et monachis ipsius loci, seu Galoni advocato, quod hanc notitiam a se recipere deberent, quod et manifestum est fecisse, et his praesentibus actum fuit. Signum Ebbloni comitis. Signum Maingaudi vicecomitis. Signum Frotgarii. Signum Aimerici. Signum Begoni auditoris. Signum Ucberti. Signum Arlanni. Signum Adraldi. Signum Savarici. Signum Arbaldi. Signum Atthoni vicecomitis. Signum Amalrici. Signum Reinfardi vicarii. Signum Romarii amanuensis. Data in mense Madio, anno VI regnante Karolo rege. Emmo rogitus scripsit.

---

## Nº VII.

### DONATION DE DIVERS BIENS A L'ÉGLISE DE LIMOGES, PAR LE VICOMTE HILDEGAIRE [1].

(1er mai 914.)

Quantum intellectus sensusque humani potest menti sagaci pensare atque solerti indagatione propendere, nil amplius valet in hujus seculi lucem de gaudio fugitivo lucrare, quam quod de rebus suis locis venerabilibus in alimoniis ecclesiarum vel pauperum curetur impendere, quatinus fragilitatem nature, quam omnes generaliter patiuntur, et prius quam subitanea transpositio eveniat, opportet pro salute anime vigilare ut non inveniat unumquemque desperatum, et sine aliquo respectu discedat a seculo. Quin potius, dum proprio libertatis jure subsistit, ex caducis substantiis vitam querat mercare [2] eternam, ut inter justorum consortium desiderabilem valeat adipisci locum, et retributorem sibi preparet Dominum, ut de fructu indeficiendi paradisi mereatur [3] fovere, de cujus vivo fonte pium fide poscenti nec subtraitur populum, nec minuetur alveus, sed potum quisque auserit irrigatur dulcedine, celitus atque suavis ei flagratur hodor balsami paradisi. Date haelemosina, et omnia munda sunt vobis. De tanta igitur miseratione et pietate Domini confisi, pensemus [4]

---

[1] Extr. du *Cart. de Saint-Étienne de Limoges.* — Deux copies de cette pièce figuraient dans le Cartulaire. Elles nous ont été conservées par dom Col, ms. lat. 9193, p. 118 ($C^1$) et p. 221 ($C^2$). Nous avons en outre collationné notre texte sur les copies de la coll. Moreau, t. IV, fº 28. (M.); — de la coll. Decamps, vol. 103, fº 65 vº (Dec.); — de la coll. Dupuy, vol. 828, fº 28 (Dup.); — de la coll. Duchesne, vol. 20, fº 263 (Duch.).

[2] Peut-être *mereare.*

[3] M. *mercatur.*

[4] $C^2$ commence ici seulement.

ergo omnes Christiani quanta sit pietas et largitio Redemptoris, ut per elemosinas ecclesiarum [1] vel pauperum, promittatur nobis tesaurus [2] regni celorum. Nemo itaque dubitet, nemo tardet, quia si nos facimus [3] quod Dominus et Salvator noster precepit, ille sine dubio facturus est quae promisit [4]. Igitur sacrosanctae [5] ecclesiae [6] sancti Stephani prothomartyris [7] Lemovice [8] civitatis senioris canonice [9] ubi in Christi nomine Turpio vocatus [10] episcopus rector preesse dinoscitur, ego in Dei nomine Eldegarius vicecomes, tractavi de Domini timore pro remedio anime meae seu Aldeberti vicecomiti patri meo [11], necnon et matri [12] meae nomine Adaltrude, seu Petroni abbati [13] consobrino meo, vel etiam [14] pro omnium parentum meorum, tam pro vivis quam etiam [15] pro defunctis, vel pro aeternae [16] retributione [17], vel omnibus fidelibus meis seu carorum amicorum, ut nobis pius Dominus, in die judicii, de gehennae [18] ignis evadere dignetur, et Beatus Stephanus pro delictis nostris intercessor existat [19], propterea cedo ad predictum locum a diae presente, et cessum [20] in perpetuum esse volo, et de jure meo et dominatione [21] in potestate ipsius sancti loci, ad illos canonicos ibidem Deo servientes trado, transfero atque transfundo, hoc est alodem [22] meum que [23] mihi justissime de parentibus meis obvenit, itaque juris mei, quae est situm in pago Lemovicino [24], in vicaria Lemovicense [25], hoc est alodem meum [26] qui vocatur Cavaliacus, cum omnia ad se pertinentia [27], quantum ego presenti tempore visus sum habere vel possidere, ad ipsum sanctum locum vel ad ipsos canonicos volo esse concessum, una cum mansis [28] ibi aspicientibus, id sunt mansi qui ad ipsum alodem pertinent, tam in ipsa vicaria quam et in alia loca [29], qui ibidem omni tempore deservire videntur. Ad Albianis, manso uno ubi Restedunus visus est manere, et Ebrardus similiter, et habet ibi medium mansum ubi manet Aladardus et Aiquinus ; a Petraficta [30] mansum unum et medium ubi Martinus et Costabilis [31] et Ramnulfus et Aledardus et Eltricus et Stabilis [32] visi sunt manere ; et alio manso [33] in ipso loco ubi

---

[1] C² *aecclesiarum.* = [2] C² *thesaurus.* = [3] C² *faciemus.* = [4] C² *quod ipse precepit nobis, adimplebit sine dubio que promisit.* = [5] C¹ C² *sacrosancte.* = [6] C² *ecclesie.* = [7] C² *prothomartiris.* = [8] C¹ et Dec. *Limovice.* = [9] C² *civitatis, et canonicis ejusdem aecclesie, ubi...* = [10] C² *vocatus* manq. = [11] C² *patris mei.* = [12] C² *matris.* = [13] C² *abbatis.* = [14] C² *eciam.* = [15] M. *eciam.* = [16] M. *aeternè.* — C² *eterna.* = [17] C² *retribucione.* = [18] C¹ C² *gehenna.* — Duch. *gehaenna.* = [19] C² et Duch. *adsistat.* = [20] C² *cesum.* = [21] C² *dominacione.* = [22] C² *alode.* = [23] M. et Duch. *qui.* = [24] M. et Duch. *Limovicino.* = [25] M. et Duch. *Limovicensi.* = [26] C² *que mihi..... meum* manq. = [27] C² *pertinencia.* = [28] C² *mansibus.* = [29] C² *loqua.* = [30] C² *Petrafita.* = [31] C² *Constabilis.* = [32] M. et C¹ *et Ramnulfus..... Stabilis* manq. = [33] C² *michi* au lieu de *manso.*

Dodo visus et manere ; ad Illa Planca mansum [1] unum ubi Berlandus et Odolricus visi sunt manere, et alio manso [1] ubi Andreas et Landricus visi sunt manere; et in ipsa villa mansum [1] medium ubi Stabilis et Costabilis et item Stabilis visi sunt manere, ad Bonam Fontem mansum [1] ubi Ingelbertus et Ratfredus [2] visi sunt manere et alio manso ubi Restedunus et Venrianus visi sunt manere [3]; et mansum Lobetum unum, et alium mansum tenet Ingelbertus et Costabilis [4] et Ermengardis; ad Formulas mansum unum ubi Ratfredus et Stabilis visi sunt manere, et mansum Ratbertum unum; ad Illo Manso, mansum unum ubi Stabilis et item Stabilis visi sunt manere; et in ipsa villa mansum unum ubi Ingelbertus et Restedunus visi sunt manere; ad Illa Gortia mansum unum ubi Adrebaldus visus est manere et alio manso ubi Folcherannus visus est manere; et manso Aribertisco ad illos Castaneos; manso de Centriaco, ubi Amelius visus est manere; manso de Columbario, ubi Costabilis [4] visus est manere; et in ipso loco habet medium mansum; ad Fontem Agolinum mansum unum, ubi Aldricus et Dodo visi sunt manere; et in ipsa villa medium mansum ubi Ratgisus visus est manere; ad Illo Tillio [5] mansum unum ubi Landricus et Odolricus visi sunt [6] manere; ad illos mansos tenet Acfredus mansum unum et illam forestem quantum ad illam curtem aspicit. Ista omnia supra nominata, cum omnibus servis vel [7] ancillis, cum domibus, edificiis, terris, campis, pratis, silvis, farinariis, piscatoriis, pascuis, aquis aquarumve decursibus, sicut dixi, ad ipsum locum delego [8] habere. De mancipiis [9] vero vel acolabus, tam ibidem commanentibus quam foras et ibi aspicientibus, quesitum et quod ad inquirendum est, totum ab integrum ad ipsum sanctum locum et ad ipsos canonicos trado manibus, ad habendum et possidendum. Unde obsecro clementissimis regibus tam presentibus quam et futuris, omnibus episcopis qui per secutura tempora ipsam canonicam in regimine habuerint omnibusque potestatibus ac primatibus omnibus etiam senioribus [10] quoscumque judices esse constiterit, per inefabilem Domini potentiam [11], per inseparabilem Patri et Filio et Spiritui Sancto [12] Trinitatem, ut in hac [13] voluntate mea per nullas occasiones, nullumquam [14] tempore auferre non permittatis [15], quatinus ut [16] ille

---

[1] C² *michi* au lieu de *manso*. — [2] C² *Iratfredus*. — [3] C¹ et M. *et alio..... manere* manq. — [4] C² *Constabilis*. — [5] C¹ *Tilio*. — [6] C² *visus est*. — [7] C² *cum*. — [8] C² *deleguo*. — [9] C² *mansipiis*. — [10] C² *senioris*. — [11] C² *potenciam*. — [12] C² *Patris et Filii et Spiritus Sancti*. — [13] C² *ac*. — [14] C² *nulli unquam*. — [15] C² *permitatis*. — [16] C² *ut* manq.

nobis [1] mercedem referat in perpetuum, quid sit mea elemosina [2] vel parentorum meorum, qui ipsas res michi [3] concesserunt pro amore Domini nostri Jesu Christi ardente [4] desiderio tribuisse, sicut superius diximus, Christo protegente. Licet in cessionibus pena inserere [5] necesse non est, sed nobis placuit inserendum, ea scilicet ratione [6], ut quandiu ego advixero, ipsas res in mea sint potestate vel dominatione [7], ut annis singulis ipso die chena Domini ad stipendia fratrum solidos v exsolvam [8], et post meum quoque discessum, nec filius, neque filia, neque uxor, neque ullus de parentibus meis contra his [9] rebus se pretermitat [10], nisi rectores hujus loci Sancti Stephani prothomartyris. Si quis vero, quod futurum esse non credimus, huic voluntati nostrae [11] pro quibuslibet causa, ut aliquis de heredibus nostris aut judicum, seu cupiditas, aut quaelibet [12] persona calliditate commotus, aut cupiditate preventus, ullumquam tempore causa presente epistola cessione nostra quam nos propter nomen Domini et veneratione [13] Sancti Stephani, nullo cogente imperio nec imaginario jure, set [14] libentissimo animo et spontanea voluntate mea fieri decrevi, venire aut aliquid contradicere temptaverit, in primis iram Dei omnipotentis incurrat, et dispergat illum Deus [15], et destruat [16] illum de terra viventium [17], et nomen ejus non memoretur [18] in secula [19], et insuper componat ad supradictos rectores ecclesiae [20], vel ad supradictos [21] canonicos una cum socio fisco auro libras v, argenti pondera x, et quod petit vindicare [22] non valeat. Sed [23] presens cessio a me facta, quam ego promto animo et bona voluntate conscribere vel adfirmare rogavi et manu propria subterfirmavi, omnique tempore firma et stabilis valeat perdurare, neminem contradicentem. Facta cessione ista Kalendis Maii, anno Incarnationis Domini nostri Jesu Christi DCCCCXIIII, indictione II, concurrentes vero ipsius anni v et cyclus decemnovenalis, anno XVI regnante Karolo rege, post obitum Domni [24] Odonis [25] regis Francorum regno. Signum Aldegarii [26] vicecomitis, qui cessione ista fieri vel adfirmare rogavit.

---

[1] $C^2$ *vobis.* = [2] $C^1$ et M. *meam elemosinam.* = [3] $C^1$ *mihi.* = [4] $C^2$ *ardenti.* = [5] $C^2$ *inserre.* = [6] $C^2$ *racione.* = [7] $C^2$ *dominacione.* = [8] $C^2$ *exolvam.* = [9] $C^2$ *is.* = [10] M. *pretermittat.* = [11] $C^2$ *nostre.* = [12] $C^2$ *quelibet.* = [13] $C^2$ *veneracionem.* = [14] $C^2$ *sed.* = [15] $C^2$ *Dominus.* = [16] $C^2$ *destruad.* = [17] $C^2$ *vivencium.* = [18] $C^1$ *memoratur.* = [19] $C^2$ *saecula.* = [20] $C^2$ *aecclesie.* = [21] $C^2$ *ipsos.* = [22] M. $C^2$ *vindicare.* = [23] $C^2$ *set.* = [24] $C^1$ et M. *Domini.* = [25] $C^2$ *Odoni.* = [26] M. $C^1$ et Duch. *Aldegarii.*

## N° VIII.

### DONATION A L'ÉGLISE DE LIMOGES PAR LANDRY ET SA FEMME ILDIA [1].

(Novembre 922.)

Sacrosanctae basilicae Sancti Sephani protomartyris urbis Lemovicas [2] civitate. Ego enim in Dei nomine Landricus et uxor mea nomen Ildia, nos pariter tractamus de Dei misericordia et de aeterna retributione ut aliquid de res nostras proprietatis cedimus atque donamus Beatissimi Sancti Stephani. Hoc est mansus noster qui est in pago Lemovicino [3], in illa quintana de Lemovicas civitate, in pago Jucunciaco, manso qui vocatur Pereto cum domibus et edificiis [4] terris et campis, pratis, silvis et rivis, omnia et in omnibus, totum et ab integrum cum omni suprapostum, vobis cedimus atque donamus et manibus tradimus ad ipsum sanctum locum, ut ipsi beatissimi sancti qui in eadem domo sunt, intercedant pro nobis ad Dominum, ut mereamus pervenire ad gaudia aeterna, ita ut ab odierna die, jam dictas res custodes Sancti Stephani abeatis, teneatis et possideatis, sine ullo contradicente. Et haec cessio firma et stabilis valeat perdurare cum stipulatione subnixa. Signum Landrici. Signum Ildiane qui haec fieri jusserunt vel adfirmare rogaverunt. Signum Eldegario

---

[1] Extr. du *Cart. de Saint-Étienne de Limoges.* — Nous avons établi le texte de cette pièce sur les copies de la collect. Moreau, t. IV, p. 99 (M.); — de dom Col, ms. lat. 9193, p. 146 (C.); de la coll. Decamps, vol. 103, f° 74 (Dec.); — de la coll. Dupuy, vol. 823, f° 27 v°.

[2] Dec. *Limovicas.*

[3] M. et Dec. *Limovicino.*

[4] C. *edefeciis.*

vicecomite [1]. Signum Ugoni. Signum Gauzberto. Signum Gauzfredo. Signum Geraldo. Signum Amalgario. Signum Palterio. Datum est in mense Novembri. Anno xxv regnante Karolo rege [2].

---

[1] Dec. *Eldegarii Vicecomitis.*

[2] Si l'on comptait les années de Charles le Simple de son couronnement (893), cette charte serait de l'année 917. Mais, comme l'a fait observer Baluze, le règne de Charles le Simple se compte ordinairement en Limousin à partir de la mort de Eudes (janvier 898). C'est ce que prouve d'une manière irréfutable notre pièce précédente, qui est datée « anno » Incarnationis Domini nostri Jesu Christi DCCCCXIIII..., anno XVI° re- » gnante Karolo rege post obitum domni Odonis. » D'après ce système, la présente charte aurait été écrite en novembre 922. Il est vrai que dès le mois de juin de cette année, Charles le Simple était remplacé par Robert dans une grande partie de la France, mais le Limousin et le Poitou ne semblent avoir reconnu ni Robert ni son successeur Raoul. On en a la preuve dans une de nos pièces justificatives (n° IX) qui est datée : « anno XXX quando fuit Karolus detentus cum suis infidelibus. »

## N° IX.

### JUGEMENT DU COMTE ÉBLES DE POITIERS EN FAVEUR DE L'ABBAYE DE SAINT-MAIXENT [1].

(26 avril 927.)

Cum resideret vir venerabilis domnus Ebolus comes Pictava civitate cum suis optimatibus, die Jovis quod evenit IIII Kal. Madii, ad multorum causas audiendas rectaque judicia terminanda, inter quos extitit Aimericus vicecomes et advocatus Sancti Maxencii. Proclamavit se, in presencia domni Eboli comiti, de res Sancti Maxencii, quod Godobaldus et Ermenbertus injuste et contra lege tenuissent. Tunc domnus comes interrogavit predicto Godobaldo seu Ermenberto, quid de hac causa respondere debuissent. Illi autem in suis responsis dixerunt quod per precaria, quem Fraubertus [2] de ipsis monachis accepisset, et per ipsam causam nobis obvenisset. Judicatum fuit ab ipsis proceribus, qui ibidem residebant, quod per ipsa precaria, nec per alia testamenta tenere non potuissent, et ibi recognoverunt se quod nullum rectum non abuissent in predictas res. Reddiderunt eas predictis Aimerico [3] et Ademaro abbati ejusdem monasterii, sitas [4] ipsas res in pago Metullo, in vicaria Tiliolo, in

---

[1] Arch. de l'abbaye de Nouaillé.— Nous avons trouvé à la Bibliothèque nationale deux copies de ce jugement prises sur l'original : l'une dans le fonds Moreau, t. V, f° 40 (M.),— l'autre dans les mss. de dom Le Michel, ms. lat. 13818, f° 296 (L.)

[2] M. *Franbertus.*

[3] M. *predicti Aimerici et Ademari.*

[4] M. *ditas.*

villa que dicitur Stivalis, quantumcumque in jamdicta villa in variis edificiis videntur adesse. Propterea necesse fuit prescripto Aimerico, Ademaro abbati et monachis Beati Maxencii, ut hanc noticiam ab ipsis recipere deberent, quod ita et fecerunt, et his presentibus hactum fuit. Signum Ebbolo comiti. Signum Aimerici vicecomiti [1]. Signum Aldegarii [2] vicecomiti. Signum Saverici vicecomiti [3]. Signum Begonis auditori. Signum Adalelmi. Signum Adraldi. Signum Isambarti. Signum Amalrici. Signum Teotbaldi. Signum Hacfredi. Signum Amelii. Signum Fulconi. Signum Gerorii *(sic)*. Signum Gauzfredi. Signum Rotgarii. Signum Guinemari. Signum Ainardi. Signum Abboni. Signum Hucberti. Signum Kadalonis. Signum Ingelbaldi. Signum Teoderici. Signum Guilelmi. Signum item Ingelbaldi. Signum Bernardi. Signum Hugoni. Signum Viviani. Signum Berengarii. Signum Rainaldi. Signum item Aimerici. Signum item Guilelmi. Signum Reinhardi Vicarii.

Data in mense Aprilis [4]. Anno xxx, quando fuit Karolus [5] detentus cum suis infidelibus [6].

Adalbertus rogitus.

---

[1] Aimery I, vicomte de Thouars.

[2] M. *Hidegarii*. — Hildegaire, vicomte de Limoges.

[3] Savary I, vicomte de Thouars, frère d'Aimery I.

[4] L. *Aprili*.

[5] L. *Carlus*.

[6] Ce jugement a été rendu « die Jovis quod evenit IIII kal. madii..... » anno XXX quando fuit Karolus detentus cum suis infidelibus. »
Si l'on compte à partir de la mort du roi Eudes, la trentième année de Charles le Simple tombe en 927. A cette date, il était effectivement en prison. Mais le IV des kalendes de mai (28 avril) 927 était un samedi et non un jeudi. Dom Col a supposé qu'il fallait lire le VIe jour des kalendes au lieu du IVe, ce qui mettrait cette charte au jeudi 26 avril 927.

Mais peut-être aussi doit-on supposer que les années de Charles le Simple sont ici comptées à partir de son traité avec Eudes (896). Cela reporterait ce jugement à l'année 925, année dans laquelle le 28 avril est bien un jeudi. Alors, comme en 927, Charles était prisonnier.

## N° X.

### VENTE PAR CHRISTINE ET SON FILS FOUCHER AU PRÊTRE PÉTRONE DU LIEU DE ROFFINIAC, PRÈS D'YSSANDON [1].

(Vers 930.)

Igitur ego enim in Dei nomine Cristina, consenciente filio meo Fulcario, venditores nos pariter vendimus ad aliquo homine nomine Petroni levita, hoc est vinea nostra, qui est in pago Limovicino, in fundo Exandoninse, in loco qui vocatur Rufuniaco [2], et abet subjunctiones de uno latus terra Sancti Petri, de alia parte terra Sancti Stephani, de tercio latus terra Archambaldo. Ipsa vinea bene est circumcincta per bodinas fixas, et loca designata cum omni suprapositum tibi vendimus et manibus tradimus ad abendum et possidendum. Pro hoc accepimus de te precio tuo in quo nobis bene complacui et aptum fui, hoc sunt solidos L, et post hodierna die abeas, teneas, possideas et quicquid exinde facere volueris in omnibus tua sit firma potestas et dominatio. Et si quis homo surrexerit qui contra hanc vendicione ista ulla calumpnia conaverit ad inrumpendum, illud quod petit non vendicet, et insuper componat tibi solidos C coactus exsolvat. Et haec vendicio ista omnique tempore firma et stabilis valeat perdurare cum stibulacione subnixa. Signum Cristina et filius meus Fulcarius, qui haec fieri jusserunt vel adfirmare rogaverunt. Signum Gauzcelmus [3]. Signum Bladenus. Signum Fulcberto. Signum Gualterius. Signum Bertramnus. Signum item Gauscelmus. Signum Unbertus. Signum Rainbal. Signum Giral. Signum Eldegario vicecomite. Signum Teotfredo vicario.

---

[1] Extr. du *Cart. de Saint-Étienne de Limoges.*— Le texte de cette pièce a été collationné sur les copies de dom Col, ms. lat. 9193, p. 266, et de la coll. Decamps, vol. 103, f° 77 v°.

[2] Dec. *Rufiniaco.*

[3] Dec. *Gauzcelinus.*

## N° XI.

### DONATION A L'ÉGLISE DE LIMOGES, PAR BLATILDE [1].

(Août 934.)

Ideo bonum pacis atque decrevit bona voluntas Blatildis, ut aliquit de res proprietatis sue cessionem debet facere ad opus Sancti Stephani, in commune stipendia fratrum. Hoc sunt capellas duas, qui sunt in onore Sanctae Marie et Sancti Hilarii et cum ipsos mansos IIII qui ibidem sunt apertinendi [2], cum domibus et edificiis, curtiferis, ortiferis, terris, campis, silvis, pratis, fontis, rivis, ajacentiis. Omnia et ex omnibus, quantum ego in ipsos jamdictos locos visa fuit abere vel possidere, et mea fuit cernitur possessio, manibus meis ad ipsum sanctum jam dictum locum trado atque transfundo, neminem contradicentem. Et si quis homo aut ullus ex eredibus meis, qui contra hanc cessione ista ulla calumnia removere voluerit, ira Dei super eos incurrat, et ipse beatus martyr Stephanus noceat illis, et insuper componat vobis sub cui litem intulerit, aurum libras V cohactus exsolvat. Et hec cessione ista omnique tempore firma et stabilis valeat perdurare, cum stibulatione subnixa. Signum Blatildis qui haec fieri jussit vel adfirmare rogavit. Signum Eldegario Vicecomite. Signum Ademaro. Signum Constantino. Signum Adalbaldo. Signum Gualtario. Signum Radulfus. Signum Ebulus. Signum Gonduerus [3]. Signum Arbertus. Signum Amelius. Signum Guidoni. Facta cessione ista mense Augusto. Anno XII regnante Radulfo rege.

---

[1] Extr. du *Cart. de Saint-Étienne de Limoges*. — Nous avons établi le texte de cette pièce sur les copies ou analyses de la coll. Moreau, t. V, f° 144; — de dom Col, ms. lat. 9193, p. 124. (C.); — de la coll. Decamps, vol. 103, f° 66 (Dec.); — de la coll. Dupuy, vol. 828, f° 18 (Dup.); — de la coll. Duchesne, vol. 20, f° 235.

[2] C. *appertinendi*.

[3] Dec. *Gondaerus*; Dup. *Gondacrus*.

## N° XII.

CONCESSION A TITRE DE PRÉCAIRE, PAR L'ABBÉ ADACIUS AU VICOMTE FOUCHER [1].

(Septembre 947.)

Notum sit omnibus nostris præsentibus et successoribus quia ego Adacius abbas hujus Tutelensis monasterii Sancti Martini, cum consilio fratrum, contuli cuidam familiari nostro nomine Fulchardo Vicecomite de Segur, quædam ex rebus Sancti Martini, sed in vita sua solummodo. Itaque concessimus ei in Lemovicino, in vicaria Cursiacensi, ecclesiam nostram de Porcaria, in honorem Sancti Juliani dedicatam, et in villa quæ dicitur Meillars quatuor mansos, et in villa quæ dicitur Aureiras alios duos mansos, et in villa quæ dicitur Excusiscias alios duos mansos cum bosco qui ad ipsos pertinet, et vineam nostram quæ est in vicaria Usercensi, in parrechia de Alaciaco, in loco qui dicitur Vinzella. Istas res denominatas eo tenore, Fulcharde, tibi conferimus ut quandiu vixeris eas teneas et ad festivitatem sancti Martini novem solidos pro censu persolvens, post mortem tuam absque ullius mortalis calumnia nobis dimittas. Facta est conventio ista in mense Septembrio, regni Ludovici anno XII [2]. Testibus Bernardo abbate, Adacio decano, Constabili sacrista, Ilduino cellerario, Willelmo camarario et Otgerio portario.

---

[1] Extr. du *Cartul. de l'abbaye de Tulle*, f° 144.—Bibl. nat., *Arm.* de Baluze, vol. 252, f°s 18 v° et 4 v°.—Impr. par Baluze, *Hist. Tutel.*, append., col. 369.

[2] Louis d'Outremer étant monté sur le trône le 19 juin 936, le mois de septembre de sa XII° année est en 947, et non en 948 comme l'a dit Baluze.

## N° XIII.

### CONCESSION DU VILLAGE DU LONZAC A L'ABBAYE DE TULLE, FAITE PAR GÉRAUD, ABBÉ DE SOLIGNAC [1].

(Vers 950.)

Venerabili in Christo Geraldo abbati, omnique congregationi beato Petro Apostolorum principi Solemniacensis sub eo degenti, ego Adacius abbas atque omnis caterva monachorum sub me consistentium. Nostra fuit petitio, vestraque omnium bona decrevit voluntas, ut aliquid nobis per cartam cessionis ex terra vestra una cum censo concedere deberitis, quod et fecistis, terram scilicet vestram quæ est in pago Lemovicino, in vicaria Cambolivensi, in villa quæ dicitur Olonziacus, quam Crispinus pro remedio animæ suæ Sancto Petro Solemniacensi concessit, ita ut ab hac die et deinceps teneatis et possideatis, et exolvatis inde ad festivitatem sancti Petri annis singulis censum denariorum III, et exinde nobis amplius non requiratur. Actum est autem hoc, consentiente Fulcherio Vicecomite, qui pro salute animæ suæ cum Geraldo abbate hoc impetravit. Facta concessione ista in mense Junio anno c sub Ludovico rege, tempore domini Adacii abbatis [2].

---

[1] Extr. du *Cart. de l'abbaye de Tulle.*— Bibl. nat., *Arm.* de Baluze, vol. 252, f° 18 v°. — Impr. par Baluze, *Hist. Tutel.*, app., col. 369.

[2] La faute de copiste qui défigure la date de cette pièce se trouvait dans l'original du Cartulaire, et a été répétée dans toutes les copies. On ne peut par suite donner à cette charte une date plus précise que celle qui ressort de la mention simultanée des abbés Géraud et Adacius, et du règne de Louis d'Outremer, c'est-à-dire entre 940 et 950.

## N° XIV.

### VENTE PAR ARCHAMBAUD ET SA FEMME ROTHILDE DE BIENS SITUÉS PRÈS LA TOUR SAINT-AUSTRILLE [1].

(Mars 958.)

Igitur ego enim in Dei nomine Archambaldus vicecomes et uxor sua Rotildis, isti sunt vinditores ad alico homine nomine Droctrico emtore, in avocatione Sancti Salvatoris et Sancta Maria et Sancti Austregisili, et illos sanctos qui ad Illa Turre sunt. In illa ęcclesia, in illorum avocatione, comparacione facio de illas res qui sunt in pago Lemovico, in illa villa que vocant Illa Cacęria [2], quantum Archambaldus in ipsa villa abeo, et cum ipsos mancipios; et in alia villa Aisiaco manso uno; et a Borno manso uno, ubi Andraldus visus fuit manere; et illo manso in Patraces [3], que Droctricus ipsius tenet; et illa Capella a Sancti Petri que vocant Petroso [4]; et illa medietate de illo fisco [5] de Illa Brugaria. Isto alodio, cum ipsa mancipia qui ibi pertinet, manibus tibi tradi et récepimus de te precio tuo, sicut inter nos convenit, hoc est in argento aut in convalescente solidos c et xl, et postea teneant istas res ministri qui ista ecclesia tenebant. Istas res jam dictas superius nominatas, manibus vobis tradimus atque transfundimus ad abendum vel ad tenendum et ad facien-

---

[1] Extr. du *Cart. de Saint-Etienne de Limoges*.— Nous avons établi le texte de cette charte sur les copies ou analyses de la coll. Moreau, t. IX, f° 34 (M.); — de dom Col, ms. lat. 9193, p. 97 (C.); — de la coll. Decamps, vol. 103, f° 63 v° (Dec.); — de la coll. Dupuy, vol. 828, f° 23 (Dup.)

[2] Dec. et Dup. *Caceria*. C. *Cacaeria*.

[3] C. *Patraces hó*, mot que les copistes semblent n'avoir pu déchiffrer.

[4] Dec. Dup. *quæ dicitur Petroso*.

[5] C. *de illo alodio de illo fisco*.

dum in omnibus quicquid voluerint, sine ullo contradicente. Sane [1] de repeticione vero si quis ullus homo aut ulla admissa persona, qui post ac die contra nos aut contra quarta ista infrangere aut contradicere voluerit, componat solidos ccc, et quarta ista omni tempore firma stabilis valeat permanere, cum stibulacione [2] subnixa. Signum Archambaldo. Signum Rotilde qui ista carta facere vel firmare rogaverunt. Signum Rigualdo. Signum Ugone. Signum Ingelrant. Signum Sulpicio. Signum Aialberto [3]. Signum Tetgerio [4]. Signum Ramnulfo [5]. Signum Eldrat. Facta quarta ista in mense Marcio anno IIII regnante Lotario [6] rege. Gerbertus scripsit.

---

[1] M. *tunc.*
[2] C. *stibulatione.*
[3] Dec. *Adalberti.*
[4] Dec. *Tegerio.*
[5] Les noms des témoins sont au génitif dans les textes donnés par Dupuy et Decamps; mais les copies de ces deux collections semblent en général ne pas reproduire les formes barbares des originaux.
[6] Dup. *Lothario.*

## N° XV.

### AUTRE ACTE DE VENTE D'ARCHAMBAUD A DIOTRICUS [1].

(8 août 959.)

Archambaldus vicecomes et uxor Rothildis vendiderunt Doctrico in advocatione eis quæ sunt in pago Lemovicino, in proprio alodo vocato Turrim sacratam in honorem Sancti Salvatoris sub nomine Sanctæ Genitricis Mariæ, in presentia seniorum suorum Rainaldi vicecomitis et Bosonis marchionis, et aliorum nobilium, per manus venerabilis præsulis domini Eubalonis, ad nomen sancti et protomartyris Stephani, dominio et potestate cunctorum episcoporum ipsius sedis et matris ecclesiæ Lemovicensis, sub canonica institutione ordinatis et constitutis ibi canonicis et ministris, prout sumptus præfati cœnobii expetierint ad regendum et moderandum, ut et alia sui juris videtur esse monasteria agentem. Sed et annuatim tradidit et sacrando obtulit VI Idus Augusti, anno V regnante Hlotario, indictione I. Signum Doctrici nepotis. Eubalus præsul Lemovicensis. Signum Doctrici qui donationem fecit. Signum Benedicti filii ejus. Signum Rainaldi vicecomitis. Signum Bosonis marchionis [2].

---

[1] Impr. dans la *Gall. christ. vetus*, t. II, f° 632, d'après l'original conservé dans les archives du chapitre de Saint-Étienne de Limoges.

[2] Nos recherches personnelles et celles auxquelles a bien voulu se livrer pour nous notre collègue et ami M. Rivain, archiviste de la Haute-Vienne, n'ont pu nous faire retrouver l'original ni aucune copie de cet acte. Nous le regrettons d'autant plus que le texte que nous reproduisons semble présenter plusieurs lacunes.

## N° XVI.

### DONATION PAR ARCHAMBAUD DE COMBORN A L'ABBAYE DE TULLE [1].

(Octobre 962.)

Ego in Christi nomine Arcambaldus cedo Deo et Sancto Martino Tutelensi mansos meos qui sunt in pago Lemovicino, in vicaria Navense, in villa quæ dicitur Serra unum; et in villa Catonis alium, ubi Dominicus visus est manere; et in vicaria Castelli, in villa quæ vocatur Damniacus, alium mansum ubi Ebrardus visus est manere; et medietatem de manso meo de Felinis, etc.

Factum est hoc in mense Octobrio, anno nono regnante Lotario rege. Signum Arcambaldi vicecomitis. Signum Sulpiciæ uxoris suæ.

---

[1] Extr. du *Cart. de l'abbaye de Tulle.* — Nous n'avons pu retrouver aucune copie intégrale de cette pièce. L'analyse que nous en donnons est celle que Baluze a imprimée dans son *Historia Tutelensis*, app., col. 381. Quoique dans ces résumés Baluze n'ait généralement omis que des formules sans intérêt au point de vue historique, il est regrettable de n'avoir pas le texte complet de cette charte. Il est possible, du reste, qu'elle ait été transcrite sous cette forme abrégée dans le Cartulaire même.

## N° XVII.

### SOMMAIRE D'UNE DONATION FAITE A L'ABBAYE D'USERCHE PAR RAOUL ET SA FEMME ADÉLAÏDE [1].

(Décembre 950 ou mieux 975.)

Litteræ Radulfi et Adalaidis uxoris ejus [2], in quibus dicunt se pariter terram suam habere, se Romam pergere velle, in servitio Dei ac Sanctorum Petri et Pauli, ad invicem terram suam donant, ita ut qui supervixerit totam habeat, scilicet villas et mansos qui ex donatione Arberti de Chavanon referuntur in carta Ildegarii episcopi [3]. Post mortem amborum totum alodum remanere Sancto Petro ad Usercam. Signum Radulfi. Signum Adelaidis. Signum Eboli episcopi. Signum Eboli fratri ejus. Signum Hermenrici, Alduini, Joannis, Geraldi, Bernardi, item Bernardi, Stephani, Arnulfi, Aldeardæ, Hermengardæ, Arcambaldi, Sulpiciæ, Rigaldi vicarii, Eboli. Mense Decembri anno XXII regnante Ludovico rege.

---

[1] Nous avons dit plus haut que le résumé que nous donnons ici avait été fait par Duchesne sur le Cartulaire d'Userche, mais nous avons depuis retrouvé le même résumé dans un volume de la coll. Dupuy (vol. 828, f° 32). Il est donc possible que cette charte figurât dans le Cartulaire sous cette forme succincte. Cela ne peut, en tout cas, modifier d'aucune façon la valeur des objections que nous avons élevées contre sa date (voir p. 73).

[2] D'après la notice historique qui figurait en tête du Cartulaire d'Userche, Raoul aurait été le premier et le plus zélé des restaurateurs de cette abbaye, détruite par les Normands. Après sa mort, survenue à son retour de Rome, sa femme épousa Arbert de Chavanon (voir plus loin, p. 134, et Baluze, *Hist. Tutel.*, app., col. 828).

[3] Il s'agit ici de l'important privilége regardé comme l'acte de fondation d'Userche, que Baluze rapporte à l'an 987. (*Hist. Tutel.*, app., col. 851. — Cf. *Gall. christ.*, t. II, instr. col. 181.)

## N° XVIII.

DONATION DU LIEU DE MONSOR A L'ABBAYE D'USERCHE PAR LA VICOMTESSE ROTHILDE [1].

(987 ou 988.)

Ego in Dei nomine Rothildis [2] vicecomitissa pro anima mea et pro anima Archambaldi [3] senioris mei, qui mihi hunc alodum dedit, sive pro anima Geraldi vicecomitis senioris mei, dono Domino Deo et Sancto Petro Usercensi et monachis ipsius loci, unum mansum qui vocatur a Monsor, in vicaria Usercensi. Testes filii [4] ejusdem Rothildis, Eldegarius [5] episcopus, Guido, Geraldus, Alduinus abbas [6] et cæteri filii. Factum hoc donum, anno primo regnante Hugone rege.

---

[1] Extr. du *Cart. d'Userche*. — Nous avons collationné notre texte sur la copie de la coll. Dupuy, vol. 828, f° 26 (D.), et sur le texte imprimé par Baluze, *Hist. Tutel.*, p. 60 (B).

[2] D. *Rotildis*.

[3] D. *Arcambaldi*.

[4] B. *filius*.

[5] D. *Aldegarius*.

[6] Cet Alduinus est le même qui remplaça son frère Hildegaire en 990 sur le siége épiscopal de Limoges. Il porte ici le titre d'abbé comme chef de la communauté des chanoines de Saint-Étienne. Nous avons déjà vu ce titre porté par un de ses prédécesseurs, l'abbé Pétrone (p. 64).

## N° XIX.

### DONATION A L'ABBAYE DE SAINT-MARTIAL, PAR GÉRAUD, VICOMTE DE LIMOGES [1].

(Entre 976 et 988.)

Cum multiplex misericordia Dei omnipotentis plura elemosinarum genera humano generi contulisset, inter cetera hoc concedendo precepit, ut quilibet homo degens in hoc seculo pro remedio anime sue possit res suas ecclesiis et sanctis Dei tradere et peccata sua redimere. Dicente ipso Domino in Evangelio : « Date elemosinam et ecce omnia munda sunt vobis », et item alia scriptura clamat : « Sicut aqua extinguit ignem, ita ele» mosina extinguit peccatum ». Quod sciens et agnoscens, ego in Dei nomine GERALDVS, gracia Dei Lemovicensium vicecomes, conjunxque mea ROTHILDIS, ut pius et misericors Dominus refrigerium det nostris animabus in die judicii, dimittens [peccata nostra] nobis, tradimus coenobio domini MARCIALIS, ubi sacratissimum corpus ejus requiescit, et ubi venerabilis GVIGO abbas monachis [nunc preesse videtur], hoc est alodum proprietatis meę qui vocatur Dunus cum ecclesia indominicata, vineis, pratis, silvis, aquis aquarumve [decursibus, omnia et ex omnibus], cum servis et ancillis, ipsam prefatam videlicet basilicam et cunctas supradictas res ab hodiernum diem de nostra dominatione [sub auctoritate] Sancti MARCIALIS et ad monachos ibidem commanentes die noctuque Deo militantes, ut ipse abba et congregatio [Beatissimi MARCIALIS habeant vel possi-

[1] Copié sur l'original aux Archives de la Haute-Vienne. A. 7018. Nous avons pu restituer les passages mutilés à l'aide d'autres chartes de la même époque, notamment d'un acte du Cartulaire d'Userche. (Baluze, *Arm.*, vol. 377, p. 148.)

deant sine ulla] contradictione. Si quis autem fuerit post haec aliqua persona aut ullus de eredibus aut successo [ribus nostris qui hanc nostre elemosine] cartam infringere voluerit, inprimis iram Dei Patris omnipotentis et Filii et Spiritus Sancti et omnium sanctorum Dei incurrat [maxime que Beatus MAR]CIALIS hic et in perpetuum contrarius illi in corpore et in anima existat, et cum Juda proditore, Anna et Caïpha atque Pilato [damnationem in inferno accipiat] in secula seculorum amen.

Ego in Dei nomine GERALDVS donationi a me factæ subterfirmavi. Signum + ROTHILDIS subterfirmavi. Signum Guidoni. [Signum] HILDEGARIO Episcopo. Signum Geraldi [.......]. Signum Hildeberti. Signum Ildoino [.......]. Signum Tiselgas [1]. [Signum.......] vicario. Signum [.......]. Signum Tetberga [2].

---

[1] On a vu plus haut que Nadaud donne à Géraud une fille nommée Tisalga. Peut-être est-ce elle qui figure ici. Mais pour oser l'affirmer, il faudrait d'abord avoir des preuves plus positives de l'existence de cette fille.

[2] Cet acte ne peut être daté exactement. Il est probablement antérieur à 988, puisque Géraud mourut vers cette époque ; d'un autre côté, la mention de l'épiscopat d'Hildegaire prouve qu'il est postérieur à 976.

Au verso de l'original se trouve une longue liste de noms propres qui paraît être la liste des moines de Saint-Martial du temps de l'abbé Isembert (1174-1198). Cette liste peut être rapprochée de celles qu'a publiées M. Duplès Agier à la suite des *Chroniques de Saint-Martial*.

## N° XX.

### VENTE PAR SULPICIUS A SON SEIGNEUR AIMERY, DE LA TERRE DE VULPILIACUS DANS LA VICAIRIE DE CHATEAU-CHERVIX [1].

Legum sancsit atque decrevit auctoritas ut si quis ex ingenuis personis aliquit de res suas in alterius transferre voluerit dominationem, liberam et firmissimam in omnibus habeat potestatem. Et ideo igitur ego in Dei nomine Sulpicius cedo ad aliquo homine nomine Aimerico, seniore meo, una pro amore et benevolentia honoreque maximo quam semper tecum habui, aliquit de rebus meis, qui sunt in urbe Limovicino [2], in vicaria Carvicense, villam cujus vocabulum est Vulpiliacus, hoc sunt septem et duo mansi, bordarias septem cum omni integritate ad se pertinente, cum campis, pratis, pascuis, silvis, aquis, aquarumve decursibus, cultum et incultum, quesitum vel quod inquirendum est, omnia et ex omnibus, cum ipsos farinarios, quantumcumque ad ipsam villam aspicit vel aspicere videtur, quod mea est possessio. Sic tecum convenientiam abui, de meo jure in tuam trado atque transfero potestatem, ut ab hodiernum diem facias de ipsas res quicquid facere volueris. Etenim accipio de te precium sicut inter nos bene complacuit atque aptificavit voluntas. Hoc sunt in argento aut in res convalescentes solidos sexcentos. De repeticione [3] vero, quod minime credendum est, si quis ullus de here-

---

[1] Extr. du *Cart. de Saint-Étienne de Limoges.*—Le texte de cette charte a été établi à l'aide des copies ou analyses conservées dans la coll. Moreau, t. XI, f° 185. — Les mss. de dom Col, ms. lat. 9193, p. 125 (C.); — la coll. Dupuy, vol. 828, f° 23 (Dup.); la coll. Decamps, vol. 103, f° 66 (Dec.); — la coll. Duchesne, vol. 20, f° 235 (Duch.).

[2] Dup. *orbe Lemovicino.*

[3] C. *repetitione.*

dibus ac proheredibus meis, aut ulla oposita persona, qui contra hanc cessionem ire aut ulla calumnia generare presumpserit aut eam infrangere voluerit, componat quem temptaverit argenti solidos mille auri libras centum coactus exsolvat, et quod petit non vindicet. Set hec venditio firma et stabilis firma valeat perdurare cum stipulatione subnixa. Signum Sulpicii qui anc cartam fieri vel afirmare rogavit. Signum Geraldi vicecomiti. Signum Joscelino [1]. Signum Sulpicio. Signum Commarcio [2]. Signum item [3] Geraldo. Signum Ugoni. Facta vendicio ista in mense Novembri. Regnante Lothario [4] rege.

---

[1] C. *Jocelmo.*
[2] C. M. et Dec. *Commarc* avec une abréviation que les copistes n'ont pas pu lire.
[3] Dup. *Signum Iterii.*
[4] Dec. *Lotario.*

---

## N° XXI.

### DONATION A L'ABBAYE D'USERCHE PAR LE VICOMTE GUY DE LA MOITIÉ DES REVENUS DE L'ÉGLISE DE SAINT-YBARD [1].

(Entre 997 et 1003.) [2]

In nomine Sanctæ et Individuæ Trinitatis, sciant ut præsentes sic futuri, quod vir illustris Guido [3] vicecomes Lemovicensium cum uxore sua Emma, cognoscens præterire figuram hujus mundi, et nihil aliud superesse nisi ut peragat unusquisque ubi est vita et illic suæ spei anchoram figat, ubi est non lubrica mortalitas, sed æterna felicitas, quatenus de universo labore suo quo laborat sub sole, hoc adipiscendo retinere valeat, ut in futurum vivat, et cui vita præsens, quæ moriendo subtrahitur, remanere non potest, thesaurisando in cœlis, agat qualiter felicius vivere incipiat, cum velut fumus evanuerit quod temporaliter vixit, intellexit nullum sibi patronum amplius profuturum quam principem apostolorum, regni cœlestis clavigerum, cui potestas est tradita ligandarum solvendarumque animarum. Et quia juxta ejus monasterium Usercence habebant ecclesiam quamdam sancti Eparchii honori dedicatam, placuit ei ejusdem

[1] Extr. du *Cart. d'Userche.*—Ap. Baluze, *Arm.*, vol. 377, p. 168 (B).— Analysé dans Duchêne. Mss. vol. 22, f° 231 (D.).

[2] On ne peut dater cette charte exactement. L'indication chronologique la plus précise qu'elle contienne est celle du gouvernement de l'abbé Adalbade. Celui-ci semble avoir été abbé de 997 à 1003, mais ces dates sont peu certaines.

[3] D. *Ademarus.*

ecclesiæ, sancti nimirum Eparchii, medietatem Deo ac beato Petro ad prædictum locum Uzercensis cœnobii, cui tunc domnus Adalbaldus abbas præerat tradere. Addidit quoque illis dimidiam curtem Aleirac [1], in vicaria Usercensi, cum omnibus ad ipsam et ad prædictam ecclesiam dimidiam pertinentibus mansis, bordariis, campis, terris, vineis, pratis, silvis, cultis et incultis, servis et ancillis. Doni autem hujus testes fuerunt filii eorum Ademarus [2], Geraldus, Petrus, Fulcherius et ipse loci Usercensis tunc temporis rector, dominus Adalbaldus abbas [3].

---

[1] D. *Alairac.*
[2] B. *Ademari.*
[3] Suit immédiatement la donation de l'autre moitié de l'église de Saint-Ybard, par Archambaud de Bochiac. (A° 1080, ind. III.)

## N° XXII.

### ANALYSE SOMMAIRE DE L'ACTE PRÉCÉDENT, ET DONATION D'ARCHAMBAUD DE BOCHIAC A L'ÉGLISE D'USERCHE [1].

Ademarus vicecomes cum uxore Emma, dat medietatem ecclesiæ Sancti Eparchii cum dimidia curte d'Alairac, in vicaria Usercensi. Testes filii eorum Ademarus, Geraldus, Petrus, Fulcherius et Adalbaldus abbas [2].

Archambaldus de Bochiac in ingressu religionis, dedit alteram medietatem quam in fevo habebat ab Ademaro vicecomite, filio Guidonis, consentiente ipso Ademaro, cujus nepos Guido de Malamort testis, anno MLXXX, indictione III [3].

---

[1] Extr. du *Cart. d'Userche*. — Duchêne, ms. 22, f° 231.

[2] L'ambiguïté de la phrase originale, plus grande encore dans cette analyse, a induit en erreur plusieurs auteurs, qui ont voulu qu'Adalbade fût fils d'Adémar (lisez Guy) et d'Emma. C'est une erreur complète. Il n'est même pas sûr qu'Adalbade fût d'origine limousine, puisqu'il semble être venu de Cluny, et avoir été parent de saint Mayeul (voy. *Gall. christ.*, t. II, col. 576).

[3] Le vicomte Adémar, fils de Guy, est Adémar II (Adémar I, d'après l'*Art de vérifier les dates*), qui mourut en 1036. Il ne peut donc avoir donné son consentement à un acte passé en 1080. L'auteur de l'analyse l'a confondu avec son fils Adémar III, mort en 1090, qui était clairement désigné dans le texte du cartulaire par les mots : *Ademarus vicecomes natus videlicet de filio illius Guidonis....* (Baluze, *Arm.*, vol. 377, p. 169.)

## N° XXIII.

DONATION DE DIVERS BIENS A L'ABBAYE D'USERCHE PAR LE VICOMTE GUY [1].

(Entre 997 et 1003.)

Sacræ fidei doctor egregius Paulus apostolus, dum de uniuscujusque cursum consummationis præsentis sæculi stadio sese certantibus, legitime bravium supernæ remunerationis exprimeret, subsequendo coronam incorruptam fidelibus catholicæ professionis a justo judice reddendam in novissimo prædixit, si salubrius ex hoc quod jure possidemus, ecclesiæ Dei, prout possumus, digni dispensatores extiterimus, et quia unusquisque propriam mercedem accipiet secundum suum laborem, oportet nos, ut ipse villicator ait, fundamentum ponere, velut sapientissimi architecti, ut afflatu ventorum nequaquam domus nostra possit eradicari. Quamobrem [2] nos [3], in Dei nomine, Guido et uxor mea Emma, quamvis calamitatibus tenebrarum freti, gehennarumque supplicii timore perterriti, ut evadere valeamus iram venturi

---

[1] Extr. du *Cart. d'Userche*. — Deux copies de cet acte existaient dans le cartulaire. La première se lisait aux pages 58 et suiv. La seconde, bien moins complète, était à la page 544. Elles nous ont été conservées toutes deux dans les *Armoires* de Baluze (vol. 377, p. 135 et 88). Nous avons cherché, en rapprochant les leçons fournies par ces deux copies, à donner un texte aussi voisin que possible de celui qui a servi à la rédaction du cartulaire. Nous désignerons par B[1] les variantes de la première copie, B[2] celles de la seconde.

[2] Tout ce commencement manque dans B[2].

[3] B[2] *ego*.

judicis, fidejussores appetimus nostræ fragilitatis, videlicet Sanctæ Mariæ Dei Genitricis, sanctique clavigeri regni cœlorum Petri apostoli, quoniam [1], propria ducti voluntate, una cum consensu et soliditate perpetua fratris nostri [2] domni Hildegarii episcopi, atque succedente post eum [3] nunc ad præsens domno Alduino episcopo, fratre nostro, necnon et omnibus nostris hortantibus fidelibus [4], ut in melius proficiscamur de die in die [5], damus ad præsens causam nostræ futuræ redemptionis [6] quandam [7] ecclesiam in honore sancti [8] Pardulfi confessoris Christi [9] dicatam, quæ ad Urticarias vocatur [10], Deo et sancto Petro Usercensi cœnobio [11] et monachis in eodem loco consistentibus [12]. Totam itaque [13] et integram cum cunctis adjacentiis suis damus, ita ut ab hodierno die [14], neque filii nostri, neque [15] alius quispiam dominator existat, qui sibi eam vendicare [16] præsumat, nisi tantummodo monachi, qui in loco Usercensi cœnobitali ordine militatores extiterint [17]. Hanc itaque [18] novellæ plantationis, coram testibus, propriis manibus libenter volumus firmari [19], tam pro animabus nostris, quam [20] pro animabus filiorum nostrorum, sed et [21] pro anima antecessoris nostri Ademari vicecomitis, qui ante nos quamdam [22] donationem fecerat loco [23] Usercensi, ex ipsius loci rebus adjacentibus [24], cum voluntate et actione conjugis suæ Milisendæ [25], petente et hortante [26] honorabili viro quondam [27] Arberto et uxore ejus inclita Adalaide [28]. In quo etiam loco ad præsens reddiderat prædictus Ademarus ecclesiolam quamdam prædictæ ecclesiæ adjacentem Usercham, in honore beatæ Eulaliæ virginis consecratam, et mansos quosdam, qui jam fuerant adjacentes altari Sancti Petri Usercensis, his nominibus : mansos IV qui dicuntur ad Pleu; et in alio loco III mansos cum tribus bordariis, qui dicuntur ad Sanctum Vincentium; itidem in alio loco III mansos, qui vocantur Vernogilo; item in villa

---

[1] Les quatre lignes qui précèdent depuis *quamvis calamitatibus* jusqu'à *quoniam* manquent dans $B^2$. = [2] $B^2$ *mei.* = [3] $B^1$ *eo.* = [4] $B^2$ *omnibus fidelibus nostris ortantibus.* = [5] Les mots *ut in melius..... in die* manquent dans $B^2$. = [6] Les mots *ad præsens..... redemptionis* manquent dans $B^2$. = [7] $B^1$ *quamdam.* = [8] $B^1$ *beati.* = [9] *Confessoris Christi* manque dans $B^2$. = [10] $B^2$ *quæ vocatur Ortigeiras.* = [11] $B^2$ *Usercensis cœnobii.* = [12] $B^1$ *ad monachos consistentibus in eodem loco.* = [13] *Itaque* manque dans $B^2$. = [14] $B^2$ *cum cunctis suis adjacentiis, uti ut ab hodierna die.* = [15] $B^2$ *nullus ex filiis nostris, vel...* = [16] $B^1$ *vindicari.* = [17] $B^2$ *cœnobiali ordine militaverint.* = [18] $B^2$ *utique.* = [19] $B^2$ *firmare.* = [20] Les mots *tam pro... quam* manquent dans $B^2$. = [21] $B^2$ *atque* au lieu de *sed et.* = [22] $B^2$ *quidem* au lieu de *quamdam.* = [23] $B^1$ *in loco.* = [24] $B^1$ *adjacentiis.* = [25] $B^2$ *Milisendis.* = [26] $B^2$ *ortante.* = [27] $B^2$ *quodam viro.* = [28] $B^1$ *Adalais.*

quæ dicitur Faurges, III mansos et II bordarias; et alium mansum in villa quæ vocatur Borziacus; et alium mansum in villa quæ vocatur ad Vallem; et II mansos in villa quæ dicitur Chambos; item II mansos in villa quæ vocatur Novavilla; et in alio loco unum mansum qui vocatur Domion; et alios duos in villa quæ dicitur ad Poio; et alium mansum in villa quæ vocatur Laval. Hæc omnia Deo sanctoque Petro reddidit prædictus Ademarus. Post cujus obitum, ego [1] Guido, filiam ipsius Ademari [2] nomine Emmam in conjugio acceptam, non dissimili devotione, pro Dei amore et peccatorum meorum remissione, et pro remedio animæ [3] antecessoris mei Ademari, et pro anima [4] uxoris meæ Emmæ [5], et pro animabus filiorum nostrorum, quorum voluntate et consensu [6] hujus elemosinæ causa donationis [7] stabilire decrevimus, hortantibus etiam fidelibus nostris, dedimus in loco Sancti Petri Usercensis unam ecclesiam in honore Sancti Silvani, vineis consitam, quæ antiquitus præfati loci fuerat pertinenda; et in altero loco, ad Cammartium villam, II mansos; item ad Bordas III mansos; et alterum mansum qui vocatur Falgeras; item alium mansum in villa quæ dicitur Britania; et alium mansum in villa quæ vocatur Novavilla; item alium mansum, qui dicitur ad Piscionem. Hæc omnia tam ego Guido, quam conjux mea Emma, mente devota obtulimus Deo. Ecclesiam [8] vero [9] quam supradiximus in honore Beati Pardulfi dicatam, Deo et Sancto Petro Usercensis cœnobii in præsenti donationem facimus [10] cum testamento sempiterno, tam ego Guido quam conjux mea Emma, ut [11] quatenus [12], tam nos quam filii nostri in futuro, id est in cœlesti requie, decorari mereamur per bona opera [13]. Constituimus itaque, tam nos quam monachi prædicti [14] loci Usercensis, memoriale statutum [15], ut pro remedio animarum nostrarum, vel omnium fidelium defunctorum [16], unaquaque ebdomada [17] decantetur una missa in ipso loco [18], sic in morte sicut et in vita [19]. Per succedentia vero tempora, ne quisquam præterire vel negle-

---

[1] Longue lacune de quinze lignes dans $B^2$ depuis les mots *in quo etiam loco.....* jusqu'à *ego Guido filiam.* = [2] *Ademari* manque dans $B^1$. = [3] $B^2$ *pro anima.* = [4] $B^2$ *pro anima quoque.* = [5] *Emmæ* manque dans $B^1$. = [6] $B^2$ *concensu.* = [7] $B^2$ *helemosinæ donationem.* = [8] Lacune de neuf lignes dans $B^2$ depuis les mots *hortantibus etiam.....* jusqu'à *Ecclesiam.* = [9] *Vero* manque dans $B^2$. = [10] $B^2$ *damus.* = [11] *Ut* manque dans $B^2$. = [12] $B^2$ *quatinus.* = [13] $B^2$ *bonis operibus mereamur decorari....* au lieu des mots *id est..... opera.* = [14] $B^2$ *prædicti monachi.* = [15] $B^1$ *statuta.* = [16] $B^1$ *deffunctorum.* = [17] $B^1$ *hebdomada.* = [18] *In ipso loco* manque dans $B^1$. = [19] $B^2$ *in morte et in vita nostra.*

gere [1] per tepiditatem pigritiæ valeat, coram nobismetipsis hanc scriptionem vomere [2] calami præscindere subrogavimus, atque fundamento stabilito tam nos quam monachi supplicabili petitione firmavimus, ita ut [3] hii [4] qui successerint per prolixiora tempora in monasterio, nequaquam transgredi valeant hoc privilegii fundamentum [5], sed semper memores sint quod hæc ecclesia beati Pardulfi [6], specialiter præ cœteris causis, a nobis devotissime in loco Usercensi est tradita, videlicet, ut supradictum est [7], unaquaque ebdomada [8] una missa decantetur [9] tam in morte quam in vita nostra [10], et omnibus diebus per omnes horas unus psalmus [11], nisi tantummodo [12] præcipuis festis et octavis [13] de Nativitate Domini, sive octavis [14] de Resurrectione Christi [15], et de Pentecostem [16]. Ceteris [17] vero diebus, modus teneatur suprascriptus, quandiu [18] alitus Dei in nos vel in successoribus nostris supervixerit, aut quandiu [19] monasterium istud firmum et stabile permanserit [20]. Hanc donationem sive constitutionem [21] facio ego Guido, cum voluntate uxoris meæ Emmæ, Deo et Sancto Petro Usercensis cœnobii [22] et monachis ibidem consistentibus sub domno Adalbaldo abbate [23], eo tenore ut deinceps [24] nullus successor noster qui fuerit, aut heres [25], aut ulla [26] aliqua inmissa [27] persona, licentiam habeat quicquam [28] ex his quæ data sunt subtrahi, vel post mortem nostram in loco Sancti Petri injuste præsumat dominari. Hanc autem omnibus successoribus nostris notam facimus, certam, solidamque nostram quam decrevimus institutionem [29], ne ullus successor noster, sed [30] nec filius, licentiam habeat ut vel [31] laico vel clerico per cupiditatem pecuniæ locum prædictum tradat, sed [32] neque quæ ad ipsum locum pertinenda sunt [33], dominatorem alium constituat nisi abbatem qui præerit loco vel monachis degentibus in regimine sub eo [34].

---

[1] $B^1$ *atque negligere.* = [2] $B^1$ *vomerem.* = [3] $B^2$ *uti* au lieu de *ita ut.* = [4] $B^1$ *hi.* = [5] $B^1$ *fundamento.* = [6] $B^1$ *Pardulphi.* = [7] $B^1$ *id est ut* au lieu de *videlicet..... est.* = [8] $B^1$ *hebdomada.* = [9] $B^2$ *cantetur.* = [10] *Nostra* manque dans $B^1$. = [11] $B^1$ *unum psalmum.* = [12] *Tantummodo* manque dans $B^2$. = [13] $B^2$ *octabis.* = [14] $B^2$ *et de* au lieu de *sive octavis.* = [15] *Christi* manque dans $B^2$. = [16] $B^1$ *vel de Pesteconten.* = [17] $B^1$ *cœteris.* = [18] $B^1$ *quamdiu.* = [19] Les mots *Alitus Dei...* jusqu'à *quandiu* manquent dans $B^1$. = [20] $B^2$ *istud monasterium stabile permanserit.* = [21] *Sive constitutionem* manque dans $B^2$. = [22] $B^1$ *Usercensi cœnobio.* = [23] $B^1$ *sub abbate Adalgalvo.* = [24] *Deinceps* manque dans $B^2$. = [25] $B^1$ *hæres.* = [26] *Ulla* manque dans $B^2$. = [27] $B^1$ *immissa.* = [28] $B^1$ *quipiam.* = [29] $B^1$ *statutam* au lieu de *institutionem.* = [30] *Sed* manque dans $B^2$. = [31] Les mots *licentiam..... vel* manquent dans $B^2$. = [32] *Sed* manque dans $B^2$. = [33] $B^2$ *in his quæ ad ipsum locum pertinent* au lieu de *quæ..... sunt.* = [34] $B^2$. *monachos degentes sub ejus regimine.*

His itaque oblatis [1] petimus et [2] adjuramus per adventum Domini nostri Jesu Christi, perque fidem Sanctæ Trinitatis, et merita cunctorum angelorum atque omnium sanctorum, præcipueque beatæ Mariæ semper Virginis, sanctique Petri apostolorum principis, beati quoque protomartiris Stephani, necnon et beati Martialis Aquitaniæ patroni [3], omnes successores nostros, ut hoc nostræ elemosinæ [4] privilegium minime infrangant, sed sicut sua a successoribus suis voluerint [5] statuta servari, sic et nostra decreta in perpetuum studeant confirmare et [6] conservare. Illud quoque [7] addimus et adjuramus, ut nullus unquam [8] neque clericus, neque laicus licentiam habeat vendere aut dare præfatum locum [9] alicui sive clerico sive laïco, seu etiam [10] monacho, sed liceat eisdem [11] monachis ipsius loci defuncto [12] abbate suo regularem eligere personam. Quod si de his quisquam, nos ipsi aut aliquis de hæredibus aut propinquis nostris, sive clericus, sive laicus, aut ulla aliqua immissa persona, de his, scilicet quæ data sunt aut reddita, dederit, aut vendiderit, aut invaserit, aut tulerit, imprimis [13] iram Dei Patris omnipotentis et Filii et Spiritus Sancti incurrat, sanctus que Petrus ac beatus Stephanus sint ei in contrarium in anima et corpore, et ira Dei super eum veniat et super omnes sequaces ejus et super omnem progeniem ejus, qui eis in malum consenserint et consilium dederint, et cum Juda proditore et cum Datan et Abiron in inferno præcipitentur, cum diabolo et angelis ejus in cruciatu infernorum in sæcula sæculorum. Amen. Et hoc privilegium firmum et stabile permaneat omni tempore cum stipulatione subnixa [14]. Signum Guidonis vicecomitis et Emmæ uxoris ejus, qui hoc privilegium fieri vel firmare rogaverunt. Signum Ademari filii ipsorum. Signum Geraldi filii ipsorum [15].

---

[1] Les mots *his itaque oblatis* manquent dans $B^2$. = [2] $B^2$ *quoque et*. = [3] Les quatre dernières lignes, depuis *per adventum*..... jusqu'à *patroni*, manquent dans $B^2$. = [4] $B^1$ *helemosinæ*. = [5] $B^1$ *voluerit*. = [6] *Confirmare et* manque dans $B^2$. = [7] $B^2$ *iterumque*. = [8] $B^1$ *umquam*. = [9] *Præfatum locum* manque dans $B^1$. = [10] *Etiam* manque dans $B^2$. = [11] *Eisdem* manque dans $B^2$. = [12] B. *deffuncto*. = [13] $B^1$ *Inprimis*. = [14] Lacune de douze lignes dans $B^2$ depuis les mots *quod si de his quisquam*..... jusqu'à *stipulatione subnixa*. = [15] Dans $B^2$ les souscriptions sont remplacées par cette phrase : *Testes hujus privilegii sunt ipse Guido vicecomes et Emma uxor ejus, qui hoc privilegium firmaverunt, Ademarus et Geraldus filii eorum, Alduinus episcopus, Adalbaldus abbas.*

Nous ne pouvons que répéter pour cette charte ce que nous avons dit plus haut au sujet de la date de la pièce XXI. L'abbé Adalbade y figure comme témoin, c'est-à-dire qu'elle a été faite entre 997 et 1003.

## N° XXIV.

### DONATION DE L'ÉGLISE DE NIEUL A L'ABBAYE D'USERCHE, PAR GUY, VICOMTE DE LIMOGES [1],

(Août 1019.)

Quicunque ergo talentum erogationis sibi a Deo collatum obtat fideliter, oportet et dignæ fructifficationis agrum jugiter exerceri, quatenus, si quid fertilis conscientia super id, quod creditum est, illi protulerit, supernæ remunerationis mereatur bravium palmæ sibi acquiri. Hoc ego in Dei nomine Guido et uxor mea Emma, sed et filii nostri Geraldus, Ademarus, Petrus, pro remedio animarum nostrarum et filiorum nostrorum, et pro anima aviæ meæ Tetiscræ, et pro anima patris mei Geraldi, et pro anima Rotildis matris meæ, vel parentum nostrorum, ut nobis pius Dominus sit adjutor in die judicii, tradimus quemdam alodum nostrum Deo et Sancto Petro ad Usercham, et ad monachos ibidem habitantes, hoc est unam ecclesiam, quæ est dedicata in honore sancti Bibiani, et vocatur locus ille a Nioli, et omnia quæ ad ipsam medietatem de ecclesia pertinere videtur, ita ut ab hodierno die ipsi teneant et possideant. His itaque oblatis petimus et adjuramus, tam nos quam filii nostri, per adventum Domini nostri Jesu Christi, perque fidem Sanctæ Trinitatis ac merita cunctorum angelorum, atque omnium sanctorum, præcipueque beatæ Mariæ semper Virginis, sanctique Petri

---

[1] Extr. du *Cart. d'Userche.* — Baluze, *Arm.*, 377, p. 140.

apostolorum principis, beati quoque protomartiris Stephani, necnon et beati Martialis Aquitaniæ patroni, omnes parentes nostros et successores eorum, ut hoc nostræ eleemosinæ privilegium minime infringant, sed sicut sua a successoribus suis voluerint statuta servari, sic et nostra decreta in perpetuum studeant confirmare et conservare. Quod si de his quisquam, aut nos ipsi aut aliquis de hæredibus aut propinquis nostris, sive clericus, sive laïcus, aut ulla immissa persona, de his scilicet quæ data sunt, dederit, aut vendiderit, aut invaserit, aut tulerit, in primis iram Dei Patris omnipotentis et Filii et Spiritus Sancti incurrat, sanctusque Petrus et beatus Stephanus sint ei in contrarium in anima et corpore, et ira Dei super eum veniat, et super omnes sequaces ejus, et super omnem progeniem ejus, qui eis in malum consenserint et consilium dederint, et cum Juda proditore et cum Datan et Abiran, in inferno præcipitentur cum diabolo et angelis ejus in cruciatu infernorum in sæcula sæculorum, amen. Et hoc privilegium firmum et stabile permaneat omni tempore cum stipulatione subnixa. Signum Guidonis et uxoris ejus Emmæ, qui hoc privilegium fieri vel firmare rogaverunt. Signum Geraldi episcopi. Signum Ademari fratris sui. Signum Petroni fratris sui. Signum Fulcherii fratris sui. Signum Rotildis. Signum Aimerici filii sui. Signum Fulchaldi de Rocha. Signum Guidonis filii sui. Signum Ademari fratris ejus. Signum Ava filiæ *(sic)*. Signum Aimerici filii sui. Signum Geraldi. Factum est hoc privilegium mense Augusto, anno ab Incarnatione Domini millesimo nono decimo. Regnante Rotberto rege Francorum. Ramnulphus monachus scripsit et firmavit.

---

# TABLE ALPHABÉTIQUE

DES

## NOMS DE LIEUX ET DE PERSONNES [1].



[1] N'ayant pu, de crainte de multiplier indéfiniment les notes, donner la traduction des noms propres cités dans nos PIÈCES JUSTIFICATIVES, nous avons cru devoir faire une table dans laquelle se trouveraient ces traductions. Nous y avons joint les principaux noms qui se trouvent dans le reste de notre travail, nous bornant en général, pour abréger, aux noms limousins.

# TABLE DES MATIÈRES.

## PIÈCES JUSTIFICATIVES.



FIN.

Poitiers. — Imprimerie de A. Dupré.

CPSIA information can be obtained
at www.ICGtesting.com
Printed in the USA
BVHW032243280419
546794BV00003B/33/P

9 781120 535603